Masonas

YOLANDA ALBA

Masonas

Historia de la masonería femenina

Segunda edición

ALMUZARA

Primera edición: febrero de 2014
Primera reimpresión: septiembre de 2017

Editorial Almuzara • Colección Historia
Director editorial: Antonio Cuesta
Edición de Javier Ortega

www.editorialalmuzara.com
pedidos@editorialalmuzara.com - info@editorialalmuzara.com

Imprime: Coria Gráfica
ISBN: 978-84-1610010-1
Depósito Legal: CO-164-2014
Hecho e impreso en España - *Made and printed in Spain*

Índice

A.·. L.·. G.·. D.·. ESPÍRITU DE VIDA EN ETERNO DEVENIR
A LA GLORIA DE LA GRAN ARQUITECTURA DEL UNIVERSO
LIBERTAD.·. IGUALDAD.·. FRATERNIDAD.·.

Tan sólo si crees en la bondad y sientes el amor y aspiras a la igualdad y amas la fraternidad y estimas el honor y quieres la justicia y anhelas la sabiduría y respetas la razón, puedes construir el Templo de la Humanidad.
Masonas iberoamericanas

El ignorante afirma, el sabio duda y reflexiona.
Aristóteles

La tradición es la transmisión del Fuego y no la adoración de las cenizas.
Gustav Mahler

I

Construcción y de-construcción

A lo largo del devenir histórico, a las mujeres —*la mitad del Cielo* como las representaba Mao Tse Tung— se les negaron derechos esenciales en toda su extensión, fundamentalmente el de la Libertad. Y a pesar de ello, ellas lucharon por reconquistar sus derechos violados, la mitad de la Humanidad se fue imponiendo para que su voz fuera escuchada y sus pensamientos respetados; lo hicieron descorriendo el velo de la ignorancia y la esclavitud, abriendo así senderos de Luz hacia la libertad plena. Contradictoriamente, por muchos siglos consideradas la mitad esencial de la Iluminación espiritual, estuvieron —y están hoy— ausentes de las jerarquías de casi todos los templos del mundo. Siendo aceptado histórica y antropológicamente que la imagen cultural del *padre* se produjo «*hace alrededor de 8.000 años*» (Gérard Mendel, en *La rebelión contra el padre,* 1968), se situaría allá el comienzo de los grandes sistemas patriarcales con los que se establecía el nuevo orden mundial, al que acompañaba el cambio de sexo de todas las divinidades primigenias. Hasta entonces no habrían existido sacerdotes ni dioses sino solamente una diosa universal y sus sacerdotisas. El *Patriarcado* se basaba en la negación de la autoridad espiritual de las mujeres y en la negación de la divinidad femenina. Al fin, está constatada y aceptada intelectualmente ya la existencia de una relación entre la posición históricamente inferior de las mujeres y la desaparición de la diosa, del mismo modo que hay un paralelismo entre el papel dominante de los hombres y el monoteísmo (masculino). Ese orden androcéntrico impregnó transversalmente desde entonces la vida de los seres humanos de nuestro mundo conocido, con la compleja urdimbre de significaciones imaginarias que orientaron y dirigieron —dirigen— toda la vida de una sociedad y a las personas concretas que corporalmente la constituyen: el *imaginario social instituido* —que Castoriadis definió—. Esas significaciones determinan y estipulan lo que para dicha sociedad será lo valorado y lo rechazado, lo normal y lo patológico, lo que tiene sentido y lo que no lo tiene, lo cuestionable y lo imposible de ser ni siquiera pensado. El imaginario social se hace *texto, y logos,* estableciendo cuáles serán las áreas iluminadas, cuáles quedarán necesariamente oscuras y cuáles impensadas. Y en este sentido, las niñas, las jóvenes y las mujeres fueron, han sido y continúan siendo invisibles en la Historia, en los estudios sociales y en el lenguaje, producto de modelos patriarcales de pensamiento incrustados en ese imaginario masculinista.

De igual manera, las instituciones y otras significaciones sociales son creaciones de ese imaginario; pero, una vez creadas, aparecen para la sociedad como dadas (por los ancestros, los dioses, Dios, la naturaleza, la Razón, las leyes de la historia, los mecanismos de la competencia, etc.). Así es como se vuelven fijas, rígidas, sagradas. Entre esas instituciones están el matrimonio, la heterosexualidad, la maternidad; configuraciones sociales que al ser instituidas por diversas fuerzas históricas e intereses sociales y políticos, fueron «naturalizadas», imponiéndose como la norma a seguir. Y las mujeres mientras tanto obedientes, silenciadas, ocultas... (no todas como veremos).

Tuvieron que pasar muchos siglos hasta que el lado femenino de la Humanidad comenzara a hacerse notar en las Ciencias, las Artes y el Pensamiento. El *Feminismo,* como *nuevo principio de la realidad* (Marcuse), es un movimiento social y político que se inicia formalmente a principios del siglo XVIII, en el que asimismo se desarrollarían la Revolución francesa, la independencia de América y la Ilustración. A partir de ese momento histórico desencadenante del pensamiento liberal, es cuando nombres de mujeres comienzan a aparecer en ámbitos hasta entonces vedados para ellas, irrumpen con fuerza —y a regañadientes—, y muchos varones tienen que reconocer su valía. El feminismo comportaba una profunda reflexión sobre la inscripción del género de las personas en sus discursos y acciones, poniendo en duda la supuesta universalidad del arte y la cultura, puesto que los conceptos «hombre», «humanismo» e incluso «humano» excluían a las mujeres. En nuestra época, desde el siglo XX, los estudios feministas universitarios han demostrado que discursos presentados como generales e inmanentes, como el de la filosofía, el psicoanálisis, la religión o incluso la ciencia, son en realidad discursos sexuados en masculino. La relación de subordinación —entre otras— a la que fueron y han sido sometidas las mujeres en las sociedades patriarcales, a través del dominio de sus cuerpos y el cercenamiento de su autonomía, es una situación que ha sido sostenida por los discursos médicos, políticos, jurídicos, religiosos y pedagógicos. Pero también la imaginación ha sido presa de esta relación de poder, lo cual se ponía de manifiesto consecuentemente en todas las producciones artísticas. La razón ilustrada se consideraba neutra y objetiva, pero lo cierto es que no lo era: era una razón patriarcal cuyo único referente era el varón.

Bien es cierto que en Francia la Ilustración era atea, anticlerical y francmasónica. Y en el país galo, la corriente feminista como discurso crítico en el contexto de esa Ilustración hegemónica brotó con impulso tal que llegó a inundar los campos de la Francmasonería, en la cual aparecieron inteligentes, activos y denodados partidarios del reconocimiento de los derechos a la mujer, para que por propios merecimientos pudiera entrar con plenitud de derechos en los templos masónicos (entre ellos Descartes y Condorcet). Se pergeñaba uno de los momentos históricos más importantes para el futuro de la Humanidad. Estaba germinando otra revolución que trastocaría el orden social hasta entonces establecido: la *emancipación de las mujeres.* En tal contexto era muy natural que, dentro de todo este auge de conocimientos y discernimientos, a ellas les interesara el método e institución francmasónicos dados sus principios fundamentales —Igualdad-Libertad-Fraternidad, pilares primordiales sobre los que reposan el Librepensamiento, la neutralidad de la Laicidad ante la religión que las oprimía, el Progreso de la Humanidad, y la conformación de una sociedad perfecta, (entre otros)—. Además de la búsqueda simbólica de la Luz, la Espiritualidad y el desarrollo de sus facultades mentales, asimismo les atraían sus actividades filantrópico-solidarias y sus rituales.

La *Ars Structoria*, el *Arte del Constructor* —siempre siguiendo el ritmo de la evolución social, jurídica y política— había contribuido a lo largo de los siglos anteriores a representar —a la vez que a potenciar— la democratización. En este sentido, comparto la tesis de la profesora Margaret Jacob —UCLA Universidad de California-Los Ángeles—: la Francmasonería fue una de las primeras organizaciones que promovieron la sociedad civil moderna primero en Europa y que posteriormente se expandió por todo el mundo, influyendo en la toma de decisiones políticas de algunas naciones europeas y en los discursos culturales y políticos de la Ilustración. A principios del siglo XVIII —el de la Libertad y la Luz— las logias masónicas se abrían ya a otros obreros que no fueran albañiles o del oficio de la construcción. Y durante el siglo XIX se produciría una profunda fisura en la francmasonería cuando muchas logias de Europa dejaron de exigir una creencia religiosa a los posibles candidatos a la *Iniciación* y se abrieron sus *Templos* a personas de cualquier concepción religiosa (ateos y agnósticos inclusive). En el siglo XX la evolución no se detendría y se reconocería a las mujeres —por fin— su derecho a ser masonas en pie de igualdad.

Siguiendo las trazas de la evolución, al igual que entonces, es tiempo ahora en el siglo XXI de reinterpretar la realidad histórica y reconocer abiertamente la pertenencia de las mujeres a las logias ya desde la época de la *Masonería Operativa* —siglo XIII—, así como afrontar sin restricciones el papel que ellas, las *Masonas*, representaron en la Orden iniciática, para analizar en profundidad el asunto complejo, difícil y heroico de su presencia en la propia Masonería pero asimismo su impronta en la sociedad de su tiempo. En este sentido, una constatación se impone: desde sus comienzos «modernos» (el siglo XVIII como veremos) la francmasonería estuvo obsesionada por la cuestión de las mujeres, probablemente por su divisa 'Igualdad'. La cuestión sobre si era necesario admitirlas o no en las logias preocupaba a los varones masones y la tensión entre las dos corrientes fue a menudo aguda entre los «pro» y los «contra». Y digo urge el reconocimiento o la «deuda histórica» ante la constante y creciente incorporación de mujeres de todas las edades y condiciones que llaman a las puertas de las *Logias* pidiendo el ingreso y participación en la *Orden de los constructores y constructoras del Templo de la Humanidad.* Es preciso anotar, paralelamente también, la perplejidad que les supone conocer la realidad de los llamados *Masones Regulares o escoceses* que las excluyen paradójica y contradictoriamente —con respecto a sus inviolables, aceptados y decretados principios de Igualdad y Fraternidad—. ¡Cuánto asombro en estas jóvenes y mujeres ante esta inequidad antidemocrática!, que no es sino un anquilosamiento pétreo: denota precisamente un aferramiento al anti-Progreso de la Humanidad, otra finalidad de la institución. Precisamente cuando desde el siglo anterior ya forma parte del imaginario social, legal y político el valor de la Igualdad entre las personas de distinto sexo —no sólo la igualdad de oportunidades entre ambas—, e incluso el concepto de Diversidad alcanza ya a extenderse en las prácticas políticas, sociológicas y demográficas.

De análoga manera, analizaremos como la democrática *Masonería mixta,* —no-excluyente, liberal y de tradición francesa— tiene que comprender mejor nuestro tiempo presente repleto, sin duda, de complejas contradicciones con respecto al trabajo de las mujeres en las logias y la consideración que algunas reciben en ellas. Si ambos grupos —*escoceses y franceses*— rechazan el dogma por principio, ¿por qué ciertos miembros siguen acatando el dogma del sistema social perverso no-igualitario denominado Patriarcado? ¿Desde qué conciencia, racionalidad, ideología, imaginario o escuela teórica...? Si otro de sus objetivos a lograr es la *Tolerantia* —como respeto y consideración hacia opiniones y/o prácticas de los demás aunque sean diferentes a las nuestras—, según la lógica masónica no serían respetables el machismo y el sexismo (*ergo* el patriarcado) como formas representativas del sistema desigual y opresor para el 52 % de la población mundial que es por definición, y que ha sido el preponderante a lo largo de la historia de la humanidad en nuestro planeta Tierra.

Hoy, *urbi et orbi,* está aceptado que el principal descubrimiento de los últimos tiempos, el que más ha impactado a la sociedad occidental y el que más está transformando los usos y costumbres, es, sin duda alguna, la emancipación de las mujeres como personas libres, y por ende su igualdad —desde la diferencia— con respecto a los hombres. Una de las revoluciones que contribuyeron a la mejora de la Humanidad en el siglo pasado ha sido, sin duda, el logro social de la equidad de derechos y deberes de mujeres y hombres, derechos que a ellas se les limitaron durante mucho tiempo. No se puede, sin embargo, cantar victoria por completo, pues aún en muchos lugares del mundo especialmente en el denominado *Sur Global*, se somete al género femenino a bárbaras discriminaciones y continúa generalizadamente el orden androcéntrico del discurso, del orden socio-moral y económico que sigue reproduciéndose en instituciones, costumbres y usos.

Narrarán asimismo estas páginas la cronología de los hechos protagónicos más relevantes de las mujeres masonas en el devenir de las sociedades en las que estaban inmersas —negados y/o ignorados por ciertos masones—; sus contribuciones al progreso de la igualdad en todo el mundo y a la existencia de la democracia, sus dificultades y sus tránsitos, pero además, la segregación existente en el mundo masónico —lógicamente espejo de la sociedad profana de la que es parte—. Describiremos asimismo el *cómo se ha conjugado la presencia de las mujeres y el vínculo con las luchas feministas en esta organización influyente y mal conocida.* Y aun analizaremos el porqué de la existencia de la masonería exclusivamente femenina y el no-reconocimiento de las masonas de nuestro tiempo, anacrónicamente ignoradas como *hermanas* en las obediencias autodenominadas *regulares* —en particular en los países anglosajones—. Todavía, la delicada cuestión de la admisión de las mujeres en la masonería permanece hoy aun en la masonería masculina como objeto de tensiones. Francmasonas que fueron, Masonas que son, todas ellas obreras de la escuadra y el compás, constructoras del edificio de la Igualdad, arquitectas de un mundo más justo, maestras de la Luz y la Intuición, sacerdotisas del perfeccionamiento social, saben que sus *ancestras* han sido, son y serán masonas de pleno derecho pese a cualquier impedimento.

Sea este ensayo siempre la reivindicación de la disidencia como emanación de un espíritu libre y un reconocimiento a la deuda de la humanidad con las valientes herejes, sanadoras y sabias, librepensadoras, ocultistas, mujeres irreverentes e iniciáticas, artesanas del cambio, adelantadas a su tiempo, pioneras, feministas, heroínas siempre, cuya doble osadía, al pensar y vivir libremente y al atreverse a hacerlo siendo mujeres, finalizó —en muchísimas ocasiones y en todas las culturas y civilizaciones— con la muerte a manos de intolerantes. En este sentido, es preciso recordar, por cierto, y al hilo de lo expuesto, uno de los holocaustos femeninos de la Historia —hubo otros—: nueve millones de mujeres fueron asesinadas, acusadas de «brujas», por la Inquisición, en lo que es considerado uno de los mayores genocidios de la Humanidad. La brujería y el ocultismo, en realidad, fueron lugares de las mujeres disconformes, de las que no se resignaron a su destino de silencio, de las que hablaron sin permiso, de las que se animaron a tomar la palabra. Esta operación de desvalorización y demonización de las figuras más revulsivas, pone de manifiesto que una manera de atrapar y desactivar las posibilidades de imaginación de lo humano para salir de la cultura vigente ha estado especialmente focalizada en las mujeres pensantes, quienes con sus prácticas y saberes han puesto y ponen en peligro el poder patriarcal, sus hegemonías y privilegios. Es así que la historia de nosotras como mujeres no existe, estamos sumergidas en la historia guerrera de la masculinidad.

Sea, repito, un homenaje a todas ellas, mujeres transgresoras, hijas de la *Matria*, que es un lugar por construir, que proviene de nuestra pertenencia a la Tierra, carece de fronteras y se puede edificar en cualquier lugar, pues nace del anhelo de crear un mundo distinto, en paz y coexistencia, con la riqueza de la diversidad.

Ellas todas, mujeres libres, Constructoras de un mundo nuevo y de-constructoras de arcaicas y oprimentes estructuras que las encorsetaban en *roles* predefinidos.

II

Qué es la masonería o francmasonería

Es preciso, y para una óptima comprensión —antes de seguir con la investigación sobre el género femenino en el tema que nos ocupa —describir los orígenes y definir qué es La Masonería o Francmasonería —términos sinónimos—. Ésta no es ni más ni menos que una sociedad de personas comprometidas con valores morales y espirituales y una de las organizaciones fraternales más antiguas y más populares del mundo. A pesar de ello, la Masonería es, puede ser, la *sociedad secreta* peor comprendida, por tanto es también la más visible.

Y sigue siendo misteriosa y mal conocida por numerosas razones incluida la esencial: su carácter oral. La desaparición de algunos de sus archivos es otra. Regularmente perseguida, la francmasonería practicó a menudo durante los períodos perturbados su propio auto de fe. La víspera de la invasión nazi, por ejemplo, se quemaron muchos documentos históricos. Fiel a sus tradiciones, la francmasonería se encerró en el silencio, dejando pasar los huracanes, conservando su atractivo y su secreto. Así como ha escrito un masón turco —que también los hay—: «*la francmasonería no es una sociedad secreta pero es una sociedad que tiene un secreto*».

Mucho se ha dicho, escrito y debatido sobre la *Orden del Arte Real.* Centenas de libros en bibliotecas y librerías describen sus símbolos. Actualmente, las páginas web —algunas de gran calidad— desarrollan sobre la organización toda clase de informaciones y matices. Los periódicos publican regularmente artículos y entrevistan a sus Grandes Maestros y Grandes Maestras. De todos son conocidos los monumentos, museos y edificios masónicos de la *Fraternidad de la Escuadra y el Compás,* excepto los que no fueron destruidos o aniquilados por regímenes totalitarios y dogmáticos. Pero es preciso reconocer que no hay una definición simple, en una frase, que pueda describir de manera satisfactoria e incluyente lo que es la Masonería, ya que es una organización compleja y difícilmente delimitada en una fórmula hecha. La Orden heredera de los Templarios, de la sabiduría de los antiguos egipcios, de los constructores —y las constructoras como veremos— del gótico sublime y de los principales monumentos arquitectónicos de la Europa medieval, se distingue de todas las otras organizaciones por diferentes puntos importantes:

— Es una fraternidad de seres humanos ligados por juramentos y organizados sobre la base de las *guildas* (corporaciones) medievales de artesanos constructores. Es una de las sociedades fraternales que posee unas de las raíces más antiguas del mundo.
— Su objetivo es el perfeccionamiento de la Humanidad, tanto en el plano material como espiritual.
— Es una institución esencialmente filantrópica (que ama a la Humanidad), filosófica (que ama la Sabiduría) y progresiva (que no se encierra en el pasado), y tiene por objeto la búsqueda de la verdad, el estudio de la moral y la práctica de la solidaridad.
— Sus leyes morales, reglas, usos y costumbres están fundados en los llamados *Old Charges,* textos escritos en inglés, que son los reglamentos de las corporaciones de artesanos medievales: estos obreros eran denominados *los Masones Operativos.*
— La Masonería enseña virtudes morales y sociales apoyándose en el Simbolismo de las herramientas y del lenguaje del antiguo oficio de constructor de edificios; por analogía, utiliza la construcción de un edificio como símbolo del desarrollo personal.
— Los masones y las masonas se obligan al amor fraternal, a

la asistencia mutua, a la igualdad, al secreto y a la confianza recíproca.

— La Masonería no es una secta, ni un partido político, ni una ONG, ni una religión y no tiene dogma religioso para ninguno de sus miembros, al considerar que las concepciones metafísicas del ser humano son del dominio exclusivo de la apreciación individual. Sí aceptan la existencia de un principio creador —*quid ignotum*—, sea cual sea la entidad que represente para ellos y ellas esa idea. Las no-creencias o las creencias personales son simplemente eso: personales.

— La Masonería no es una ciencia, pero enseña a sus *obreros y obreras* —denominados *Hermanos y Hermanas*— el valor del Trabajo como deber esencial de la persona y honra de la misma manera el intelectual que el manual.

— La *Tolerancia* mutua, el respeto a los demás y a uno mismo y la libertad absoluta de conciencia son sus principios.

— La Igualdad, la Libertad y la Fraternidad son sus divisas.

— La Masonería tiene un Método Iniciático Tradicional que se desarrolla a través de unos ritos específicos, en talleres donde trabaja la hermandad (*Logias*). Los lugares donde estas se reúnen son llamados *Templos.*

— A través de su instrucción procura: enseñar a pensar, liberar a sus miembros de cualquier prejuicio, inculcar el amor a la Sabiduría, la Belleza y el Bien.

— La Francmasonería liberal o francesa o azul considera la moral como independiente de toda religión o concepción metafísica, no impone ningún límite a la búsqueda de la verdad. Está abierta a todos los hombres y mujeres de cualquier nacionalidad, origen o creencia.

En resumen, la Masonería, como la define uno de sus mejores estudiosos, José A. Ferrer Benimelli, *«... no es un partido político, ni un sindicato, tampoco es una religión, ni una secta y ni siquiera es en la actualidad una sociedad secreta, aunque, naturalmente, tenga sus secretos como cualquier otra institución...»*

ORÍGENES: DE LA MASONERÍA OPERATIVA A LA ESPECULATIVA

La Edad Media conoció muchas sociedades gremiales. Mercaderes y artesanos se reunían en cofradías o corporaciones encargadas de velar por los intereses del oficio: la formación, la contratación, la adjudicación de obras...Pero en esa época el trabajo cotidiano se inscribía en una visión del mundo profundamente impregnada de lo sagrado; de modo que estas organizaciones profesionales no se limitan a solucionar problemas técnicos, sino que sostienen toda la existencia de sus miembros, desde la solidaridad a la espiritualidad. *Los Antiguos Deberes* —estatutos de los Masones medievales— presentan, junto a diversas disposiciones reglamentarias, una historia mítica y edificante del oficio. Así la Masonería, hija de la Geometría, ¡fue fundada por Euclides y difundida en Europa por Pitágoras! Meditando este relato de los orígenes, el masón medieval inscribía su diaria labor en el combate secular de las fuerzas de la Luz contra las fuerzas de las Tinieblas.

Es en Escocia, durante el siglo XVII, cuando algunas logias comienzan a admitir miembros que no son del oficio. Estos *masones aceptados* se encuentran en el origen de la moderna Francmasonería especulativa. Esa importante entrada de «aceptados» durante algunos años permite suponer un proyecto subyacente pero, a pesar de numerosas hipótesis, se ignora cuál. Las logias que acogen a obreros «aceptados» —por tanto, bastante ajenos a los problemas del oficio— van a multiplicarse en Gran Bretaña durante todo el siglo. Quizá constituyeran un refugio para hombres de buena voluntad en aquella Inglaterra desgarrada por guerras de religión y querellas dinásticas. Es comúnmente aceptado que la Francmasonería moderna procede de los gremios de albañiles o constructores medievales de castillos y catedrales —denominados *maçons*—, que evolucionaron hacia comunidades de tipo especulativo e intelectual, conservando parte de sus antiguos ritos y símbolos. Este proceso culminaría a principios del s. XVIII. Los masones disponían de lugares de reunión y cobijo, denominados *logias o talleres,* y era común a los gremios profesionales de la época dotarse de reglamentos y normas de conducta de régimen interior. Solían también seguir un modelo ritualizado para dar a sus miembros acceso a conocimientos *secretos.*

Los gremios de canteros, constructores, albañiles y arquitectos son mencionados en varios de los más antiguos códigos de leyes, pero se considera que la historia de las asociaciones obreras iniciáticas o hermandades secretas comienza en Europa occidental hacia los años 790, cuando albañiles romanos desembarcan en Inglaterra para construir una catedral en Verulam, donde han sido descubiertas las reliquias de San Albano. Los historiadores encuentran el primer rastro en 925, año en que Edwin —hijo adoptivo del rey Athelstan— preside en York una asamblea de albañiles y se convierte en Gran Maestro de la hermandad de los albañiles al año siguiente —hasta 960—. Se funda así la primera Gran Logia, cuya autoridad va pronto a ser reconocida por todas las logias de constructores establecidas en Inglaterra. Su código regulador suele considerarse como el primero específicamente masónico. Este documento, el más antiguo de la historia de la Francmasonería, se conserva en los archivos de la Gran Logia de York. Se trata de la copia manuscrita en lengua anglosajona del Reglamento que fue adoptado por la asamblea de los Hermanos albañiles en 926 y que incluye dieciséis reglamentos. Es por ello denominado Constituciones de York. Y un segundo documento sería la Carta —o Estatutos— de Bolonia redactada en 1248, que trata aspectos jurídicos, administrativos y usuales del gremio. Las sociedades italianas de albañiles se habían fundido en 1040 en una hermandad destinada a enviar arquitectos y obreros a los países donde las iglesias y los monasterios faltaban aún. El papado se interesó por esta iniciativa y confirmó con este motivo todos los antiguos privilegios de los albañiles: se les reconoció el privilegio de la construcción de los edificios religiosos en toda la cristiandad. A partir de entonces, los reyes y los obispos debían respetar sus asociaciones. Por todas partes los constructores extendían su influencia. En 1090, en Constantinopla, se creaba la Orden de los Hermanos de Este, y ya a las puertas del s. XII, los constructores toman conciencia del lugar importante que ocupan en la sociedad. Igualmente, en todas las regiones donde se establecían los Templarios —y bajo su protección— hacían también su aparición. Realmente a los autores de los diferentes reglamentos no les interesaban en lo más mínimo temas como *regularidad* o *irregularidad*, como tampoco el hecho de que la mujer fuera o llegase a ser masona.

Posteriormente se consideran los reglamentos más significativos: el Poema Regius o Manuscrito de Halliwell (1390), el Manuscrito de Estrasburgo y Los Estatutos de Ratisbona (1459), los de Absolion (1668) y el de Sloane. Todos ellos se refieren a la *Masonería Operativa* —o gremial—, de la que se especifican las reglas del oficio; los historiadores suelen referirse a ellos como Constituciones Góticas.

Respecto a los rituales masónicos, el primer documento de relevancia del que disponen los historiadores se refiere a una de estas organizaciones de la construcción en Francia: *el Compagnonnage* —o Compañerismo—, y data de 1655.

1717: NACIMIENTO DE LA FRANCMASONERÍA ESPECULATIVA

Con la evolución de la sociedad y las trasformaciones económicas, la mayoría de las logias de la *Masonería Operativa* dejaron poco a poco de realizar obras materiales y se trasformaron en organizaciones fraternales que conservaban sus usos y costumbres tradicionales. La *Francmasonería Especulativa* es el resultado de esa transformación. Ya decíamos que desde el s. XVII algunas logias de masones operativos comenzaron a recibir en su seno a personas ajenas al oficio, habitualmente clientes, benefactores y nobles cuyo perfil solía ser el de intelectuales humanistas interesados por la antigüedad, las ciencias experimentales nacientes, el hermetismo etc. Las logias se convirtieron entonces en espacios de librepensamiento, de conocimiento y de especulación filosófica. Este sería el vínculo orgánico entre la *antigua Masonería —la Operativa—* y la *nueva —la Especulativa—*. Mas, opino, como lo hace Christian Jacq, que los maestros de obra de la Edad Media eran primero «especulativos» cuando creaban el plan abstracto de las catedrales futuras, y eran luego «operativos» cuando modelaban la materia para extraer de ella la belleza oculta. La antigua masonería formaba, por consiguiente, iniciados operativos y especulativos a la vez, es decir, artesanos que unían la mano y el espíritu.

Sería en 1717 cuando cuatro logias londinenses se reunieran para formar una organización común: la Gran Logia de Londres y de Westminster. Esto supuso un salto significativo en la organización de la Masonería, que trascendió así su ámbito logial. En ella figuraban miembros de la Royal Society próximos a Isaac Newton. En 1723 se dotó de una constitución redactada por dos pastores protestantes —el anglicano Désagulliers y el presbiteriano Anderson— que quedaría por siempre denominada *Las Constituciones de Anderson,* cuyo espíritu rezumaba tolerancia, no sectarismo, unión, antirracismo y diversidad. Sería y es texto fundamental en la historia de la Orden masónica. Su ritual era conforme a los *usos escoceses* sobre todos los demás y, pese a ello —y no sin reacciones contrarias— su modelo se extendió rápidamente por Europa y América. A partir de este hecho existirán *grosso modo* dos corrientes en la francmasonería que discreparan en puntos importantes: la llamada *Masonería Regular o Escocesa* —conservadora y que se atiene a una serie de reglas tradicionales entre ellas la exclusión de las mujeres— y la *Masonería Francesa o Liberal* —moderna y adogmática—. Ambas componen la *Masonería Universal,* siempre juntas *bajo la bóveda celeste* compartiendo principios fundamentales. El más importante de todos ellos fue, es y será la consecución de una Humanidad que progresa ética y moralmente. Para tal fin se utiliza el *Método Masónico,* instrumento que permite, en un punto geométrico simbólico, como centro común, reunir a personas de todas clases y estatus, religiones, creencias o no creencias, ideologías y demás diversidades que trabajan juntos e individualmente en su perfeccionamiento gradual. Sistema basado en el Conocimiento, tiene como herramientas básicas el uso de la Razón y el camino iniciático.

TRADICIÓN VERSUS MODERNIDAD

El llamado Arte Real es, pues, una sociedad iniciática, hermética —no esotérica—, y como tal, su objetivo final es el trabajo gradual para cada persona que desea utilizar esta herramienta de construcción personal. Consiste aquel en un viaje que se emprende desde nuestro *Yo* hacia nuestro *Ser,* en busca de nuestra autenticidad, de nuestra *Piedra Cúbica.* Esta elevación sólo la podemos conseguir si somos capaces primero de descubrir y luego de superar todos los apriorismos sobre los que se asienta nuestro yo. Entonces, si la discriminación de las mujeres se encuentra profundamente arraigada en el sistema de valores de buena parte de la Humanidad, y su enraizamiento es tan potente que incluso quienes en nombre de la Razón abrazan los principios de la Igualdad y la Fraternidad no han logrado desterrar un prejuicio que condiciona la vida de la mitad de la especie humana, permítanme mantener la duda, junto a los y las pensadoras de la llamada Posmodernidad, sobre la capacidad de la Razón para hacer viables los ideales ilustrados. Mas con optimismo pienso, en lo referente a las mujeres como víctimas del sexismo, que si éste es un último velo que encubre el ego humano, también deberá ofrecer el Método Masónico como método iniciático unos elementos de trabajo que permitan tomar conciencia de este encubrimiento. Y tal deseo positivo y esperanzado es posible analizando cómo la masonería a lo largo de su historia —concretamente en los siglos XVII y XVIII— ha brindado valores morales que no pudieron ser ofrecidos ni por una religión ni por una ideología: exactamente una posibilidad estructural de unión que no ofrecía ningún otro grupo, aceptando en su seno a personas de todo tipo de religiones y creencias. Y en los siglos XIX y XX sucedió otro tanto: en las logias, seres humanos de distinto credo e ideología discutieron y discuten con todo tipo de libertad sobre todo tipo de problemas. Mientras siga habiendo hambre, mientras los derechos humanos no sean una realidad conquistada, mientras existan guerras y prosiga la carrera armamentista, la masonería tendrá cosas que decir. Su método peculiar, ecuménico en cierto sentido, integrador, tiene que intentar lograr la desaparición de la inequidad en todos los sentidos. Y en el tema que nos ocupa, el de la Igualdad, especialmente.

La Orden de la Luz contra el patriarcado. La Masonería contra el sexismo. Modernidad *versus* tradición.

III

Las mujeres en la orden francmasónica: tradición, exclusión y/o tutelaje

Pese a la vocación universalista de la Masonería, y contradictoriamente con ella, es bien cierto que en el devenir de la Orden, las mujeres —dentro de ella— no han participado del mismo estatus y presencia que los hombres. Esto es porque la Masonería, como cualquier institución humana, reproduce en su seno rasgos y tendencias de la cultura en la que está imbricada, y la *Orden de la Igualdad, la Fraternidad y la Libertad* no ha sido ajena a la impronta androcéntrica y patriarcal que caracteriza nuestra cultura, en la cual los varones y sus intereses constituyen los valores y figuras de referencia. Y recordemos con Michel Foucault que el sistema patriarcal recibió de la Ciencia un notable apoyo ideológico. Esto no es extraño, de la misma forma que tampoco lo es que algo análogo suceda con la Filosofía. Ni la Razón ni la Ciencia son independientes, ni autónomas ni inmanentes, aunque tengan loable vocación de serlo. Este es un hecho analizado ya por la Filosofía de la Ciencia y por la teoría del Conocimiento: existe una contaminación mutua entre Saber y Poder. Cierto es que Ilustración y Francmasonería, operando en el mismo espacio y tiempo se reforzaron mutuamente. La Francmasonería, con su evolución durante el siglo, se convirtió en un potente medio canalizador de las nuevas ideas: el Siglo de las Luces, con sus concepciones antropocéntricas, modificó, al menos en parte, la forma de entender los principios francmasónicos subrayando los principios de la razón, el humanismo y la ciencia. Vemos, pues, que la tradición no está reñida con el cambio, siempre que se entienda éste como el producto dialéctico entre el grupo o institución en cuestión y su entorno. Sin embargo, para los masones de actitud conservadora, la tradición es una especie de lealtad hacia un pasado único, hacia un acontecimiento revelador y definitivo del que el tiempo no hace sino alejarnos. Este tradicionalismo vuelve la mirada hacia lo pretérito, donde brilla en todo su esplendor la tradición revelada. Para él, todo cambio implica la corrupción del contenido original, por lo que se opondrá sistemáticamente al mismo. No es suficiente, pues, defender la incorruptibilidad de los elementos esenciales que determinan, en su raíz, al grupo, sino que además es vital impedir cualquier modificación. Esta forma de tradicionalismo sí constituye un elemento de inmovilismo institucional. También en la Masonería encontramos estas dos tendencias a la hora de interpretar la tradición y, por ello, tenemos una masonería tradicionalista (antigua) y otra masonería que se convierte en liberal (moderna). Esta última propiciará la masonería femenina y más tarde la mixta o co-masonería, y, aunque los ritos, símbolos, usos y costumbres son exactamente los mismos en ambas, el elemento diferenciador más importante fue, ha sido y es el de la aceptación de las mujeres en sus templos. Mas cuando nos referimos a la tradición, ¿estamos hablando de la procedente de las fuentes más antiguas o de la que se inicia en un tiempo más cercano a nosotros (Constituciones de Anderson)? Si nos referimos a la primera, todo lo que sabemos de nuestras culturas-origen nos da pie para pensar que el papel de la mujer (o de algunas mujeres privilegiadas, quizá) no siempre fue el de sumisión al varón. En algunas de estas culturas fueron consideradas y respetadas, como *Mater* y como poseedoras de capacidades *trascendentes* especiales, como veremos en capítulo aparte.

No obstante es real que durante siglos hubo 'oficialmente' en la masonería *exclusión y/o tutelaje* del 52% de la población mundial: es decir, del género femenino. Fue una institución que, como tantas otras, cerraba sus puertas a las mujeres, sempiternas menores de edad. Sin embargo, no podemos dejar de señalar que la masonería no se puede disociar del contexto histórico-político ni de un país, ni de una sociedad, ni de una época. La versión moderna de la Orden Francmasónica —la nacida en 1717 en Londres— ya apuntamos que estaba basada en las antiguas corporaciones (guildas) de los albañiles, constructores, picapedreros y canteros, cuyas leyes de origen especificaban que era absoluta y definitivamente masculina. Y esto muy a pesar de existir auténticas obreras y artesanas de las artes constructivas en la realidad, tal y como la historiografía ha recogido —y expondré a lo largo de esta investigación—. Y de similar manera, no hay que olvidar tampoco que a principios del siglo XVIII las mujeres poseían en la mayor parte de Europa el mismo estatuto que una criatura menor. Es preciso igualmente reseñar que el argumento más sólido para permitir a las mujeres tomar parte en el trabajo masónico y el objetivo del *Rito de Adopción* fue —en muchos casos y en concreto en España— subrayar la función educadora de la mujer masona y su realización a través de la familia, es decir, la masona como educadora de hijos-ciudadanos para el estado liberal.

Aunque nos parezcan hoy casi irreales, las Constituciones de 1723 de James Anderson, adoptadas por la Gran Logia Unida de Inglaterra, eran extremadamente precisas: *«Para ser admitidos como miembros de una logia deben de ser hombres buenos y fieles, nacidos libres y llegados a la edad adulta siendo discretos y con sano juicio; ni siervos, ni mujeres, ni hombres inmorales o sujetos a escándalos sino de buena reputación»*. Durante largo tiempo, la Masonería fue una fraternidad reservada a los hombres y una vasta mayoría de varones francmasones en el mundo hicieron juramento o promesa solemne de no participar en la iniciación de una mujer como masón, ni siquiera de consentirlo, ya que ello era contrario a la tradición de los textos fundadores —los *Old Charges*— de la masonería especulativa inglesa y escocesa. Aunque la exclusión de las féminas se extendió por todo el continente europeo, en Francia, como veremos páginas adelante, desde 1740 algunas logias comenzaron a iniciar a las mujeres en tanto que miembros, y al filo de los años —y no únicamente en Europa— diferentes grupos crearon logias para hombres y mujeres. Ello tuvo y tiene una importancia histórica: el hecho de haber *levantado las columnas* de Logias en las que tenían cabida las mujeres con plenos derechos y garantías, rompía así con una tradición basada en costumbres impropias con respecto a los tiempos.

De otra parte, si la Masonería era punta de lanza de la emancipación de la Humanidad, resultaba cada vez más difícil excluir de la iniciación masónica a la mitad de aquélla. Sería principalmente en Francia —tanto en la Gran Logia como en el Gran Oriente— donde se multiplicasen los debates —entre 1880 y 1920— sobre la entrada de mujeres en la Francmasonería. Y así aparecerían dos soluciones. En 1893 se creaba una obediencia que acogía a hombres y mujeres en plano de igualdad —la «Orden Masónica Mixta Internacional El Derecho Humano»— y, en 1901, la Gran Logia de Francia refundaría las logias de adopción que únicamente recibían hermanas. Estas logias de adopción se independizarán, como veremos, y constituirán enseguida la Gran Logia Femenina de Francia, germen de la masonería sólo para mujeres. Pero constataremos a lo largo de las páginas de este libro lo dificultoso, arduo y difícil que resultó el camino para llegar hasta aquí y ahora.

Hoy es paisaje masónico es muy variado al existir obediencias exclusivamente masculinas, obediencias mixtas y obediencias exclusivamente femeninas y todavía algunas otras variantes. Es cierto que el derecho a escoger existe pero cabe preguntarse: ¿ello deriva de una situación y un problema de exclusión amarrados a la tradición patriarcal androcéntrica de la Orden, o es una cuestión de elección personal? Cuando el tema de las mujeres en la Masonería sale a colación, se pone en marcha un debate sospechosamente apasionado entre dos tendencias existentes dentro de la *Fraternidad del Arte Real.* Y a estas alturas, inicios del siglo XXI, resulta un tanto anacrónico seguir debatiendo este asunto con los mismos argumentos de antaño. El inmovilismo argumental esgrimido de algunos *Hermanos* para rechazar la presencia de las mujeres en sus templos es preocupante. Es necesario debatir al amparo de la Luz y Conocimientos de nuestro tiempo, aceptar los avances de las civilizaciones y las culturas, hacerlo con la necesaria templanza y objetividad teniendo en cuenta nuestro actual entorno social y abandonando obsoletas concepciones. Es hora ya de reconocer la nueva situación de la justa emancipación plena de las mujeres en todos los ámbitos, con coherencia y veracidad. Coherencia con los postulados que propugnan como iniciados masones para contribuir al progreso de la Humanidad —entera—, de todo el Género Humano, de hombres y mujeres, no sólo de los varones. Veracidad para con nosotros mismos a la hora de preguntarnos la razón o razones de nuestra oposición: ¿son éstas puramente viscerales, producto de un proceso objetivo de reflexión, o sombras que nos ciegan? El debate sigue abierto, hoy en pleno siglo XXI. Citaré aquí, al hilo de estas consideraciones, un lúcido e inteligente párrafo de una *plancha grabada* de un brillante *maestro masón* de la Gran Logia Simbólica Española, el Hermano Kefàs —ya en el Oriente Eterno— y que ilustra a la perfección la discusión que nos concierne:

> *Cuando, como ocurre con la masonería tradicional, se considera la iniciación femenina como una irregularidad y se prohíbe todo contacto masónico con quienes admitan mujeres en la Masonería o tengan contacto con quienes las admitan, se trasciende la libertad que tiene cada grupo para configurarse como una organización masculina, femenina o mixta, para convertirse en una intolerable discriminación por razón de género, contraria al principio masónico de Igualdad. Por mucho que se justifique la exclusión de las mujeres no se pueden percibir otras razones que machismo, sexismo y misoginia.*

Constructoras (detalle). Roman des Girart von Roussillon, Cod. 2549, f.167v, Flemish, 1447 Österreichische Nationalbibliothek, Viena

IV

De los gremios medievales con constructoras a las burguesas del XVII

Es un hecho que existe constancia de la presencia de la mujer en la Masonería Operativa, como vamos a comprobar.

En la Edad Media, la sociedad europea era sobre todo rural y las mujeres eran mayoritariamente campesinas, pero en las grandes ciudades las mujeres trabajaban al lado de los hombres, y algunas obreras tenían los mismos derechos que los obreros. Incluso existían algunas que lograban ser maestras albañiles y que empleaban a hombres o muchachos aprendices. Familiares de maestros de obra y picapedreros, principalmente, participaron y compartieron la dureza del trabajo de las canterías. Hubo mujeres constructoras. Existen referencias documentales y plásticas sobre viudas o hijas de Masones Operativos que trabajaron en la construcción de algunas catedrales del Medioevo, como las de *Notre-Dame* de Estrasburgo, París y Magdeburgo.

Había sido a partir del siglo XI, gracias al desarrollo urbano, cuando aparecieron paulatinamente nuevas formas de trabajo. Estas eran desempeñadas por burgueses y burguesas, personas cuya vida laboral se desarrollaba en las ciudades y no estaba basada en la agricultura (Duby y Perrot, *Historia de las mujeres en*

Occidente, 1992). Numerosos índices dan prueba de la presencia de las mujeres en las sociedades y hermandades medievales: en los estatutos de peleteros de Basilea de 1226, los mismos derechos se conceden a los artesanos de los dos sexos. También las mujeres son muy numerosas en los gremios de alimentación, carnicería, panadería, mezcla de cerveza, pollería y pescadería. En 1268, el rey de Francia Luis IX encargó a Etienne Boileau, preboste de París, la redacción del Libro de los Oficios, donde queda constancia de corporaciones femeninas, cuyo funcionamiento era similar a las de los masones operativos de la época y donde resulta evidente que, al menos en estas logias, se iniciaba a mujeres en el oficio. Este censo de los oficios ejercidos en la villa de París (para mejor controlar la actividad profesional y cobrar óptima e interesadamente los impuestos) es históricamente interesante porque se constata en él que las mujeres están sometidas a las mismas reglas que los hombres: hay oficios mixtos (un 20%) y otros exclusivamente femeninos, como los referentes a la seda. En este recuento se aprecia un mundo artesanal bien ordenado donde las mujeres disponen de iniciativa y autonomía material. Los estatutos del siglo XIII muestran a las mujeres reagrupadas en comunidades femeninas o trabajando con los hombres en los oficios del textil pero poco a poco también en la construcción y en los trabajos del metal y la madera. En los gremios franceses aparece ya la figura femenina con singular realce. Cada logia —*Cayenne*— debía elegir una Mére entre las mujeres «de buenas costumbres, casadas, preferentemente hijas o esposas de maestros del gremio». Admitida en logia, según los ritos, la Madre tenía importantes atribuciones. Era ella quien recibía a los aprendices procedentes de otros lugares de Francia, quien les ayudaba en sus problemas de adaptación o cotidianos, cuidaba a los artesanos accidentados o enfermos, visitaba y confortaba a los que habían sido encarcelados, saldaba las deudas que algunos hubieren contraído y, en algunas logias operativas, incluso estaba al cuidado de los archivos y era la encargada de quemarlos la noche de San Silvestre, según exigían las leyes gremiales.

Ya en 1256 aparece una referencia a Gunnilda la masona de Norwich en los registros públicos, y en las reglas de esta misma corporación en 1375 se cita: «Si muere algún miembro de la guilda, sus hermanos y hermanas deben rezar por él». Según la medievalista suiza Claudia Opitz, en los estatutos de esta guilda inglesa de los Carpinteros de Norwich se hacía mención a hermanos y hermanas. Igualmente, en 1389 algunas cláusulas del certificado de la guilda de masones de Lincoln usan repetidamente el vocablo hermanas. Asimismo los dos géneros masculino y femenino aparecen explícitamente en un fragmento del Poema Regius que hace referencia a los *Old Charges* (1390). En él se cita la historia del Oficio y las Reglas a las cuales debían obedecer los Compañeros, e instruye de igual forma a los masones para que se traten unos a otros como hermano y hermana.

Y como hay veces que una imagen vale más que mil palabras, contemplemos la pequeña, pero reveladora, ilustración *Mujer enseñando Geometría* que apareció en las páginas de inicio de la traducción medieval de *Los principios de Euclides* (c. 1310). En ella se ve a la Maestra, escuadra en mano, mostrando a su alumnado el uso de los útiles y herramientas de la Geometría y la Construcción, símbolos de la Masonería, que reposan sobre una mesa circular. Toda una alegoría del tema que nos ocupa.

En 1408, también en los registros de la guilda Corpus Christi de York se indica a los aprendices «*obedecer al Maestro o Dama o a cualquier otro masón*». Se sabe que la palabra *Dama* no era utilizada para describir a la esposa de un masón, sino que era el equivalente femenino de *Maestro*. De igual forma, hubo en la parroquia de San Sebaldo de Nüremberg entre 1439 y 1477 «*nueve herreras de cobre y bronce, siete batidoras de latón y seis vidrieras*», entre otras. Además explica que muchas mujeres trabajaban en el sector de la construcción, como por ejemplo en Basilea, donde forman parte de los gremios de albañiles, estuquistas y carpinteros. Es bien cierto que hay que subrayar que en la construcción se empleaban mujeres, incluso en los trabajos pesados y dolorosos del edificio como la fabricación del mortero o la cobertura de los techos, pero que aunque contratadas como jornaleras percibían un salario menor que el de los varones. No se trataba de ninguna manera de concebir la equidad, sino que ellas simple y llanamente representaban una mano de obra más barata. En la sociedad europea de los siglos XIV y XV, y salvo excepciones, la mujer tenía un papel secundario en la sociedad, la familia, la iglesia y el Estado. No es de extrañar que en documentos antiguos de las hermandades de canteros y talladores de piedra, estuviera excluida de la logia, lugar donde se discutían los asuntos del oficio. Pero es igualmente cierto que no en todas partes y de la misma manera se materializó esta exclusión.

Desconocemos con exactitud cómo eran las relaciones de género en las cofradías de constructores pero nos inclinamos a creer que la percepción que los masones operativos tenían de la mujer (y también de sí mismos como obreros de un arte sagrado) debía estar más próxima a la excelencia que al arquetipo construido por la literatura misógina, es decir, al oprobio. De lo contrario, a las mujeres no se les hubiese permitido acercarse al oficio y aprender sus misterios. Además, precisamente el carácter iniciático y sacro del trabajo constructivo debía reforzar en las obreras un estatus femenino de excelencia, ya que se trataba de mujeres de conducta intachable (exigencia *sine qua non* de ingreso) con quienes se compartían los misterios del Arte Real. Puede afirmarse que las cofradías de constructores, en la medida que incorporaban mujeres al arte de la arquitectura y la construcción no participaban de la mirada radicalmente misógina de sus contemporáneos, puesto que de haberlas considerado perversas y estúpidas por naturaleza no las hubiesen iniciado. Esta mirada diferente de los constructores podía provenir de su profundo conocimiento de la simbología y de la práctica de los ritos y misterios de iniciación de la antigüedad, en las que las divinidades femeninas y la participación de las mujeres tenían una importancia mucho mayor que en el culto cristiano. Hay que señalar, sin embargo, que a finales de la Edad Media, tristemente, se constató una creciente misoginia en los derechos de gremios —debida a la influencia de la iglesia romana y a la doctrina de Tomás de Aquino—. Culminarán estos siglos con la extrema misoginia del Humanismo, lo cual supondrá la muerte intelectual y artística de la mujer. En este contexto las mujeres comenzarían a ser desplazadas de los espacios organizados de la actividad laboral.

LA MAESTRA MASONA SABINA DE STEINBACH

Los años 1318-20 son una referencia histórica fundamental en cuanto a la pertenencia de mujeres a logias de la Masonería Operativa. Y veremos por qué. Se trata del caso de una mujer con personalidad excepcional, la Maestra Sabina Von Steinbach (o Sabine de Pierrefonds), iniciada como «pintora y escultora» e hija del arquitecto jefe y maestro de obra de la catedral de Estrasburgo Erwin Von Steinbach. Ya en 1275, la asamblea de masones de Estrasburgo, presidida por Von Steinbach, había decidido transformarse a su vez en Gran Logia. Maestros de obras llegaron de Inglaterra y Lombardía para asistir a su Asamblea Constituyente. A partir del año siguiente los obreros que trabajaban en la obra de la catedral se agruparon en talleres y logias y adoptaron sus propios estatutos, cuyo carácter democrático era nuevo para el tiempo.

Sabine trabajó en la Logia de los Masones de Estrasburgo y esculpió las estatuas del portal meridional de esta catedral. Y junto a otro masón, su marido Bernard de Sünder, trabajó en grupos de estatuas de la catedral de Magdeburgo (Lachat, *La Maçonnerie opérative*). Otras fuentes la citan como 'autora de algunas esculturas góticas más notables de la catedral parisina y una de las Maestras de Obras de la Catedral de Notre Dame de Estrasburgo, y que como tal, formó aprendices en su oficio. En un lateral del templo francés se localiza una representación de una joven cargando las herramientas típicas de los talladores de piedra que según la tradición es su propia imagen. Sabine de Pierrefonds continuó trabajando después de la muerte de su padre aunque hay dudas entre los investigadores. Pero sea como fuere, al menos son obras suyas dos estatuas de mujeres que representan una a la iglesia y otra a la sinagoga, cerca de la entrada sur de la catedral. Dejó su firma en una estatua de san Juan Evangelista, donde se puede leer en el pergamino sostenido, en latín: «*Gracias a la devoción de esta mujer valiente, Sabine, que me ha dado forma a partir de la piedra dura*».

La primera vez que se recoge su existencia como escultora relacionada con la construcción del templo de Estrasburgo es en 1617 en la descripción de Schadeus. Consta su pertenencia al gremio de canteros de la ciudad de Estrasburgo a finales del siglo XIII. Llegó a París sola y vivía, como el resto de masones, en los poblados constituidos en las inmediaciones de la catedral sin que escandalizara su presencia.

Con respecto a otras constructoras y talladoras de las maravillas del gótico, hay que apuntar, según el profesor de historia medieval José Luis del Corral, que un tercio de los constructores-trabajadores de la catedral de León en España fueron mujeres. Pero sigamos con la descripción cronológica de la existencia y desempeño de su oficio de las hermanas masonas...

A partir de 1517, la *francmasonería primitiva,* de origen italiano, se organizó en Francia como organización secreta entre artistas, intelectuales y hombres de ciencia, y dio origen a una entidad externa de gran trascendencia, el Colegio de Francia, que es institucionalizado oficialmente por Francisco I en 1530.

En los inicios del siglo XVII, el manuscrito de Harley ordena que *«El nuevo aprendiz no revele los consejos o secretos confiados por el Maestro o La Dama»*, y en 1663 la viuda Margaret Wild aparece como miembro de la Compañía de Masones de Londres. Ese mismo año existe igualmente constancia en el registro de las minutas de la logia operativa que se reunía en la capilla de María de Edimburgo (Escocia): en ellas se establece que la viuda de un masón podía ocupar la posición de Dama o Maestra, equivalente a la posición de Maestro, para hacer contrataciones y proseguir la administración de los proyectos de su fallecido esposo.

1693: El manuscrito de York nº 4, al referirse al aprendiz, describe cómo «él o ella (*shee*)» *debe moverse durante su ceremonia de aceptación en la logia.* Este *shee* fue interpretado por los masones masculinos del siglo XIX como un error del copista quien, en su opinión, debió escribir *«ellos»* (*they*). Fechado también en ese mismo año, existe un texto capital —que ha sido silenciado generalmente por los historiadores masones tradicionalistas—, y conocido con el nombre de *Manuscrito inglés de 1693*. Se halla en posesión de la Logia de York nº 236 (Antigua Gran Logia de Inglaterra) y en su texto —al describirse el rito de una iniciación— se lee: *«Uno de los ancianos toma el Libro; aquel o aquella que debe ser convertido en masón pone las manos sobre este Libro y entonces son dadas las instrucciones... todo masón debe prestar atención a esto»* (René Guénon, *Aperçu sur l´initiation*. París 1953). Este texto induce a pensar que algunas logias del período de «transición» (aquel en el que la masonería operativa pierde fuerza y van ganando terreno dentro de las logias aquellos afiliados que no ejercen el oficio) admitían la presencia de mujeres.

Sabine la Maestra masona esculpe la figura de la sinagoga —en Notre-Dame de París—, por Moritz von Schwind, 1844.

Sin duda eran damas burguesas pudientes y nobles influyentes las que se acercaron a la Orden a través de sus familiares, como Ana Estuardo (1665-1714), reina de Inglaterra y Escocia, hija del rey católico Jacobo II, de quien se dice que fue masona aceptada. En 1696 también los nombres de dos viudas aparecen en el libro de registros de los masones. La *masonería estuardista* habría llegado a Francia en 1688 con las primeras logias militares que se formaron en los regimientos de Jacobo II de Inglaterra en su exilio en tierras galas.

En 1703 la logia de San Pablo de Londres decretaba: «*Los privilegios de la masonería no serán, en lo sucesivo, patrimonio exclusivo de los masones constructores; cualquier otra persona, aunque sea de diferente profesión, tendrá derecho a optar a ellos con tal de que sea iniciada en la orden*». Entre 1713 y 1715, numerosos aprendices son asignados a maestras masonas según los registros de la Venerable Compañía de Masones. Entre ellas registra como aprendiz a Mary Banister, hija de un barbero en Barking. Su periodo de aprendiz se extendió durante siete años y ella pagó a la compañía cinco chelines. En ese mismo año se registra la pertenencia de otras mujeres.

Los registros de mujeres en la Masonería Operativa se acaban al inicio del siglo XVIII. Coincidentemente, por esas mismas fechas, una mujer es iniciada por primera vez en una logia simbólica en Irlanda.

V

Las salonnières *francesas y la masonería andrógina del siglo XVIII*

En el primer cuarto del XVIII, en data coincidente con el periodo final de la *Masonería Operativa*, se desarrolla la *Masonería Especulativa*, donde se introduce el componente iniciático de influencia hermética y alquímica. Los primeros documentos constitutivos de esta Masonería especulativa establecen que para ser Masón es preciso ser *«hombre libre y de buenas costumbres»* (Constituciones de Anderson, 1723). Aparte de la consideración de pertenencia al género masculino y la exclusión explícita de las mujeres, se establece que el candidato debe ser «libre» en el sentido de tener ingresos que le proporcionen una independencia económica. En el país de origen de la Masonería, las mujeres, en general, no estaban emancipadas ni política ni social ni económicamente, y no se les permitía el acceso a la educación o la participación en los debates cotidianos. Es decir, en esa época las mujeres vivían bajo la tutela masculina y no se las consideraba seres libres. De igual forma eran conceptuados los esclavos. Es por ello que las Constituciones de los clérigos Anderson y Désagulliers no las tienen en cuenta cuando crean la masonería especulativa en

Inglaterra a partir de la Gran Logia de Londres en 1717. La vida social británica era esencialmente masculina.

En Francia las cosas eran un poco diferentes, ya que la élite intelectual estaba compuesta tanto por hombres como por mujeres. Ya desde los tiempos de Luis XIV y Molière, las mujeres cultas se reunían en sus salones para debatir, solas o con hombres, los temas intelectuales de su tiempo. En consecuencia, las mujeres se dirían a sí mismas que bien podrían adherirse a aquella práctica interesante que era la masonería especulativa y ejercieron la presión suficiente para que luego naciera la *Masonería de Adopción,* en la cual, cada logia de mujeres estaba establecida bajo una logia de hombres. Así constituirían una francmasonería particular, llamada en algunos textos franceses masonería andrógina, y que no era sino una parodia de la masonería masculina, hecha a medida de las aristócratas, burguesas y artistas reconocidas, así como para mujeres de alto rango y méritos, influyentes en la «buena sociedad», y con autonomía financiera no despreciable. En resumen: la flor y nata parisinas; pero indudablemente era un cierto avance hacia la igualdad de las féminas.

A pesar de ser la Masonería un espacio masculino por definición, no obstante no podía negarse la presencia de masonas aceptadas, ya que las regulaciones al respecto no indicaban nada en contra. Los masones franceses se inventaron la *Masonería de Adopción* para admitir a las damas apartándolas del ritual masculino, lo que también les permitía controlar y limitar aquella rama secundaria de la Francmasonería. Sin embargo en la masonería especulativa andersoniana siempre primó la exclusión de las mujeres, justificada en variadas razones que no han logrado encubrir el carácter esencial de esta discriminación; siempre sobre la base de lacras sociales que aún subsisten en nuestros tiempos y a escala mundial: el machismo, el sexismo y la misoginia, atributos *ad hoc* al sistema androcéntrico denominado patriarcado.

¿Qué buscaban o qué pretendían encontrar las mujeres en los Templos masónicos y en la *Orden del Arte Real*? Pues probablemente fueran numerosas y abundantes las posibilidades: desarrollar sus capacidades como personas, recibir instrucción, desarrollar la espiritualidad, el mejoramiento de las cualidades como ser humano, el análisis de sus *roles* en el hogar como esposa y como madre, la percepción de la *Luz* como impulso vital de su ser humano, la búsqueda de la relación causa-efecto en sus vidas… y por supuesto, siempre en el horizonte, la esperanza de un mundo nuevo para su delimitada condición femenina.

Es bien cierto que hombres y mujeres vivían separados en la calle, en la escuela, en las iglesias, en los salones y en el hogar, donde se dividían estrictamente los roles domésticos y las responsabilidades. Tampoco en la orden masónica iban a ser los usos súbitamente diferentes a aquella lógica pese al corpus teórico de la masonería; incluso en el imaginario inconsciente de los hermanos fundadores no era fácil transgredir tantos convencionalismos ni protocolos, ni el equilibrio social instalado en ellos. En aquel tiempo las reuniones de masones y masonas aceptadas eran secretas, perseguidas por los poderes político y eclesiástico, siempre dentro del contexto de una sociedad en el que —como sabemos— la supeditación de la mujer al hombre estaba legitimada tanto por la cultura y la costumbre como por las leyes.

No es extraño, pues, que las excepciones del género femenino, es decir, mujeres cultas e inteligentes del Siglo de Oro quisieran entrar en aquella moderna sociedad fraternal de pensantes en la que las diferencias religiosas no eran un obstáculo para el diálogo y el encuentro. E incluso pudieron suponer que los hombres iniciados en las *Reglas de la Arquitectura* poseían una concepción más elevada e integral de la naturaleza humana, de sus capacidades y por lo tanto de la relación entre los géneros masculino y femenino. Por ello, en la masonería moderna —sobre todo en Francia—, y frente a esa necesidad de no-exclusión, surgieron varias alternativas, cauces y puertas de entrada a la Orden de *la Sabiduría, la Fuerza y la Belleza*. Todo muy a pesar de la creación de la Gran Logia de Londres, que excluía taxativamente la participación de las mujeres en la Masonería Especulativa.

Aún con todo ello, según la mayoría de fuentes de la tradición masónica británica, la primera mujer francmasona fue, alrededor de 1720 Elisabeth Saint Ledger —por matrimonio, Elisabeth Aldworth—, joven de 17 años perteneciente a una de las familias más antiguas de Irlanda. Iniciada en una de las primeras logias simbólicas irlandesas (su padre, de origen francés, el vizconde de Doneraile, era masón), llegó a ser admitida por espiar detrás de una puerta una reunión masónica. Tras el descubrimiento de la violación de su secreto —en la primera parte del s. XVIII era bastante habitual que *los trabajos* se celebraran en casas privadas—, la Logia resolvió admitirla. A partir de entonces, con orgullo, ella apareció en público con ropa masónica. Alcanzó el *Tercer Grado* y continuó en la Orden hasta su fallecimiento a los noventa años de edad, recibiendo entonces un funeral masónico (1775). Sobre su lápida en la catedral de Cork figura explícitamente el epitafio: *«Iniciada en la Freemasonery en la Logia nº44…»*

Como ella, fueron iniciadas Miss Bell en Londres de 1723, Miss Havard de Hereford en 1770, o Isabella Scoon en Escocia. Sin embargo, otras fuentes apuntan que la primera en ingresar fue otra mujer nacida en el seno de una familia masónica, iniciada en el condado de Sussex, en Inglaterra. En cualquier caso lo cierto es que ya existía años antes, en 1722, un texto que hacía referencia a las masonas. Es el que aparece en las *«Antiguas Constituciones de los masones francos y aceptados, tomadas de un manuscrito de hace 500 años»* de J. Roberts, escrito en ese año. En el reglamento de los aprendices volvemos a encontrar citados inclusivamente a hombres y mujeres: *«No revelaréis los secretos o proyectos de vuestro Maestro o de vuestra Maestra…»* En Rusia, a partir del año 1731, su emperatriz Ana Ivanovna (1693-1740), iniciada francmasona y protectora de la Orden, facilitó la introducción de la masonería en las tierras de su imperio, en el que décadas después —en concreto en 1786— Catalina de Rusia presidiría la Logia Clío.

Pero había sido en 1730 cuando en Francia las mujeres comenzaron gestiones para ser aceptadas, es decir, tomaron la iniciativa para su inclusión en la institución francmasónica —y en otras órdenes iniciáticas mixtas—, organización que quedaba fuera de la recientemente inaugurada regularidad masónica encabezada por las logias inglesas, y ante la cual, la alta sociedad francesa mostraba su disenso. Es bien cierto que las Galias vivían entonces un momento convulso y creativo de una gran participación social, política y cultural del que las mujeres no estaban al margen. Es más, su presencia fue elemento constitutivo de ese momento histórico y de la propia Ilustración. Y la Ilustración, precisamente en su afán de explicar la realidad a través de la Razón y de transformarla conforme a ella, es el marco en el que nace el *Feminismo* y sus reivindicaciones. El feminismo de los salones del s. XVIII se configuró como una corriente correctora del democratismo ilustrado, ampliando el perímetro de la Igualdad (el círculo de quienes se reconocían como iguales) hasta alcanzar a la otra mitad de la Humanidad. Y además, las (y los) *salonnières* feministas del siglo

XVIII —masonas y masones muchos— cuestionaron la razón ilustrada al querer deslegitimar el poder patriarcal (léase a Descartes, Condorcet, Poulain de la Barre, etc.).

Ya alrededor de 1725 se habían creado en la sociedad franca ciertas asociaciones «misteriosas» y otras andróginas en las que mujeres y hombres se encontraban y en las que se ha creído ver el origen de la Francmasonería de Adopción. La bula papal prohibiendo la Masonería cae como plomo en 1738. Algunas logias cerrarán u otras se recrearán debajo de otros nombres instaurándose en sociedades de Sabiduría, filosóficas o de beneficencia como las *Orden de la Felicidad, Orden de los Caballeros y Caballeras del Ancla, Caballeros de la Rosa...* Los términos rimbombantes no faltan para nombrar a sociedades mixtas que exaltaban los valores del honor, la lealtad, el Amor y que imitaban los rituales masónicos.

Ya hemos apuntado que los franceses inventan la Masonería de Adopción para admitir a «las damas» apartándolas del ritual masculino, y que esto les permitía controlar y casi dirigir esta rama secundaria de la Francmasonería, que bien es cierto, rompe con las directrices eclesiales pero poco con las patriarcales. Pero ello fue un avance con respecto a los hermanos ingleses y una cierta ruptura en la institución. Jean Louis Beyerlé —consejero de Luis XVI— llegó a admitir *«que siendo la Franc-Masonería una escuela de virtud las mujeres tienen el mismo derecho a su instrucción en ella como los hombres».*

Cada Logia de Adopción estaba a cargo y bajo la sanción y garantía de una logia masónica regularmente constituida, y el *Venerable Maestro* de esta última —o los *Vigilantes* a falta de él— era el oficial encargado de presidirla, acompañado de la *Maestra Presidenta* de la logia de adopción. Esta Masonería de Adopción constaba de cuatro grados: 1° Aprendiza, 2° Compañera, 3° Maestra y 4° Maestra Perfecta. Basada en *la Virtud, se juzgaba conveniente cimentarla, no sólo sobre los principios que inspiran amor al bien y horror al vicio, sino también sobre la práctica de las buenas costumbres.* Sus rituales aparecen llenos de textos bíblicos y alegorías que no deben tomarse al pie de la letra, y cuya interpretación simbólica constituía la instrucción masónica de la mujer en los distintos grados. Fue el Gran Oriente de Francia al establecer la fórmula de la Adopción el que abrió definitivamente la posibilidad y las puertas a las mujeres en 1774, aunque según otras crónicas podrían establecerse otras tentativas anteriores a ese tiempo.

Citamos anteriormente que en el Hexágono habían aparecido varias sociedades secretas que trataban de imitar a la Francmasonería en su forma externa, caracteres y Ritos. Y de parecida manera, en otros países, estas organizaciones *pseudomasónicas* se diferenciarían, entre otras cosas, por la admisión de las mujeres. Así sería en La Orden de Mopses de 1738, nacida en Alemania —Prusia—, que tendrá continuada existencia también en Estrasburgo y Viena como orden Mixta presidida por Guillermina —Wilhelmine de Bayreuth—, hermana de Federico II de Prusia. En esta organización, a excepción de la Gran Maestra *ad vital,* las Hermanas podían ocupar todos los cargos. En sus logias cada oficio disponía de dos titulares, un hombre y una mujer y cada seis meses la *veneratura* se alternaba entre un hermano y una hermana. El tema glorificado era la lealtad a la religión pero siempre la fidelidad fraternal entre sus miembros. *La palabra de paso* era un ladrido, símbolo precisamente de la fidelidad del perro hacia su amo.

1764. En París y dentro de la Logia La Constancia, su venerable maestro, el caballero de Beauchaine creó la Orden Mixta de Los Leñadores y Las Leñadoras, inspirada no en los elementos de la construcción sino en los de los oficios del bosque. Duró hasta 1825 y su originalidad residía en mantener las *tenidas* dentro de la floresta, y en que sus miembros de ambos sexos tomaban como nombres simbólicos los de los árboles. Paralelamente, los símbolos la orden eran también alusivos; entre ellos, el hacha y la cuña para abrir leña.

VI

Las damas aceptadas o francmasonas adoptadas

En el contexto histórico del reinado de Luis XV (1715-1774) Francia estaba volcada y comprometida de lleno en la ayuda económica y militar a los independentistas de lo que acabarían siendo los Estados Unidos de América del Norte. Esta postura comprometida tuvo mucho que ver con la vieja enemistad entre las vecinas Inglaterra y Francia. Eran tiempos de reforma y catarsis donde las mujeres miraban esperanzadas al futuro que los aires de la Ilustración apuntaban. Eran tiempos de apertura y ocupación del espacio público para las mujeres. Era época de salones, tertulias y cafés, de intercambio de ideas, de modernidad al fin. Las *salonnières* eran auténticas dinamizadoras de la cultura y el pensamiento aunque casi siempre se ha resaltado por encima de ello la frivolidad de sus encuentros. A los salones de las damas ilustradas acudían todos los filósofos, pensadores, artistas, políticos y demás biempensantes de la sociedad. Eran espacios —y ocasión— de iluminación y desarrollo de las facultades mentales, de lógica y discernimiento, de construcción y copiosos debates.

El discurso racional traspasaba el Atlántico y en ese período encontramos el primer documento que constata la existencia de alguna logia americana: *The Pennsylvania Gazette*, cuyo editor y dueño era un señor llamado Benjamín Franklin, hoy por todos y todas conocido. En el texto se hacía un recuento general de la Masonería en Norteamérica indicando: *«Hay varias Logias de Masones Libres instaladas en esta Provincia...»*. Como se sabe, posteriormente, en el año 1731 Franklin fue iniciado, llegando a ser Gran Maestro de la institución en Pennsylvania en los años 1734 y reelegido en 1749. Una actividad tal vez poco conocida de este gran personaje de la historia americana es su estancia de unos quince años en Europa —alternando entre Inglaterra y Francia—, donde llegó a ser miembro de la Real Sociedad (1756) y embajador en Francia hasta el año 1785, después de terminada la guerra de la Independencia. En Francia fue miembro de la importante Logia *Les Neuf Soeurs*, en la cual también trabajaba Voltaire. Su empeño en conseguir ayuda para la causa de la independencia se vio recompensado el año 1776 por los aportes dinerarios del rey Luis XVI: un millón de libras en municiones más una cifra similar dada por España, también rival de Inglaterra.

En ambas orillas del canal de la Mancha, además de las diferencias ideológicas, surgían pues dos formas distintas de entender la Masonería y que permanecerán vigentes hasta nuestros días. La francesa —más liberal y con un concepto sobre la inteligencia y aptitudes de la mujer más abierto— y la visión tradicional, autodenominada «regular», la inglesa o escocesa de los puritanos pastores protestantes, todavía no adaptada a la evolución natural de la sociedad en lo que se refería a la no-consideración de la mujer como persona humana, libre y con igualdad de derechos. En Francia, ya hemos notado que la corriente feminista brotaba con impulso tal que inunda los campos de la francmasonería, en la cual aparecen inteligentes, activos y denodados partidarios del reconocimiento de los derechos de la mujer para que, por propios merecimientos, pueda entrar con plenitud de derechos en los Templos. E incluso muchos de los que habían defendido a capa y espada la no integración de la mujer, creen que ha llegado el momento de una adaptación a los modernos tiempos. Ante el despertar de una sensibilidad social diferente, surgida de las ideas revolucionarias, optan por fundar la *Masonería de Adopción* (claro ejemplo de que todo puede y debe adaptarse a cada época).

Asimismo y aunque en pequeño número, también se dispone de rastros de mujeres iniciadas con hombres en Francia y en Países Bajos, a partir del siglo XVIII, es decir, fuera de la adopción. En lo que concierne a Bélgica, hubo logias de adopción bajo el régimen austríaco. Se sabe que la francmasonería belga, salida de la Gran Logia de Londres, se puso en marcha bajo el reinado de María-Thérèse de Austria. La primera logia de adopción parece haber sido creada en Alost en 1772.

Es en 1774 cuando El Gran Oriente de Francia (creado un año antes rompiendo definitivamente con el Rito Escocés y sus costumbres, y como centro único para la nación) organiza la Masonería Andrógina creando las Logias de Adopción, como ya dijimos, y que en realidad se trataba de una masonería al margen. La idea era simple: una logia de adopción era una logia compuesta por mujeres bajo la tutela de un taller de hombres; tanto que sus ceremonias tenían lugar generalmente después de las masculinas. Los varones solo podían asistir a las *tenidas* femeninas si habían alcanzado el grado de Maestro, y cada logia femenina debía depender de una logia masculina regularmente constituida, tal como he mencionado. En general, la dirección de la logia de adopción era confiada a un Venerable Maestro (hombre) asistido por una Gran Maestra (mujer). Ahora esto nos parece sorprendente pero en la época fue ciertamente una gran revolución. Este cambio no traspasó jamás el Canal de la Mancha, donde la francmasonería regular británica continuaba ignorando a las mujeres, salvo las exiguas excepciones apuntadas.

Conforme a las reglas francesas se establecieron a partir de 1775 varias logias de adopción sostenidas por parte de las mujeres y damas más dispuestas y entusiastas de la sabiduría y la filantropía. La más famosa fue la de *Saint Jean de la Candeur* —conocida como *Les Candeurs*—. Su éxito fue inmediato. En ella se iniciaron burguesas notables como la señora Helvetius (Ana Caterina de Ligniville), mujer cultísima y con un espíritu muy abierto que reunía a los enciclopedistas en su salón de París. Por su tertulia intelectual —así denominada— pasaron Rousseau, Condorcet, Voltaire y Fontenelle entre otros. Más radical que los mismos filósofos, esta aristócrata fue una de las mujeres que amparó la revolución y que sobrevivió a ella. En el mismo año, fue elegida primera Gran Maestra de la Logia San Antonio, la Duquesa de Borbón —prima del Rey y madre del Duque de Enghien—, a quien en 1778 Voltaire le enviaba versos «*a la Gloria del Templo*». Presentado por el abate Cordier de Saint-Firmin, el académico ilustrado había sido iniciado en abril de ese mismo año en la Logia *Les Neuf Soeurs* (Las Nueve Hermanas), que curiosamente tenía su sede en un antiguo noviciado jesuita. Voltaire se sentía como en casa cada vez que entraba en el Templo, respirando los principios masónicos que luego darían lugar al lema de la Revolución Francesa, *Liberté, Egalité et Fraternité.* Otras damas ilustres de la sociedad parisina siguieron el ejemplo: la princesa de Lamballe María Teresa Luisa de Saboya (1749-1792), consejera de la reina María Antonieta, fue iniciada en Les Candeurs en 1775 gracias al duque de Orleans y dedicó gran parte de su vida a obras benéficas a favor de los más pobres. Fue ciertamente una de las primeras mujeres ilustres en ser iniciada. Presidió después la Logia *Le Contrat Social* y en 1780 fue elegida Gran Maestra de todas las «Logias Escocesas Femeninas Regulares de Francia». También ingresó la princesa de Chartres, cuyo marido —el futuro *Philips Egalité*— era Gran Maestre de la Orden.

En 1776 puede constatarse que se fundó la logia de adopción La Felicidad, en Dieppe.

Las dotes intelectuales de algunas hermanas hicieron que algunas logias de adopción fuesen muy célebres. La Masonería de Damas, a través de sus logias, demostró desde un primer momento y antes de la Revolución su preocupación por la realidad social, con el tratamiento de temas y propuestas concretas para la comunidad, algo que es muy característico de la política de las mujeres: la proximidad a la ciudadanía.

1778. En París, el Taller Las Nueve Hermanas, famosa logia en la que fueron iniciados como ya citamos grandes enciclopedistas —Voltaire y el feminista Condorcet entre otros— y ante la incomprensión por la *non-mixité*, permite entrar a su templo a francmasonas de una logia de adopción (la marquesa de Villete y la sobrina de Voltaire, Madame Denis) para que participasen en una tenida fúnebre. Un año más tarde fueron castigados por Luis XVI por haber iniciado a una joven. Según algunas fuentes, otra logia de adopción dependió de Las Nueve Hermanas.

1779. Es en este año en el que un libro escrito por un varón fija las reglas de la Masonería de Adopción: *La Verdadera Masonería de Adopción,* de Louis Guillemain Saint Victor. Esta obra presenta un ritual adaptado para las logias femeninas, pero inspirado fuertemente en los usos de las logias masculinas de la época. La masonería de damas organiza sobre todo ceremonias de iniciación y obras caritativas hasta tal punto que una puede preguntarse si los hermanos masones de aquellos tiempos no habrían encontrado en ello la manera de descargarse de esas actividades de beneficencia a favor de sus hermanas.

Un personaje relevante y universalmente conocido fue Josefina Bonaparte, Marie-Joseph-Rose de Tascher le la Pagerie (1763-1814), emperatriz de los franceses de 1804 a 1809 y esposa de Napoleón 1°. Ella fue iniciada en la institución francmasónica antes de la Revolución y presidió la Logia Imperial de Adopción de los Francos Caballeros de Estrasburgo. Un gran número de damas de la Corte siguieron su ejemplo ingresando en la orden iniciática. Con la Revolución y sus convulsiones desaparecieron las Logias de Adopción y sus miembros fueron esparcidos por la emigración, el encarcelamiento o la acción política. En realidad, durante el período revolucionario se apreció un fuerte colapso de la masonería en general que sólo es remontado en tiempo del Consulado, teniendo como figura significativa de la masonería femenina a la emperatriz como Gran Maestra. Sin embargo, la «política» masónica de Napoleón dio un giro radical hasta erradicar las logias femeninas en Francia. Bajo el Primer Imperio renacieron las Logias de Adopción, siendo Josefina la reconstructora de las logias desarticuladas.

Ella regentaba en París un salón donde recibía tanto a personalidades de la Revolución como a miembros del Antiguo Régimen, haciendo gala así de una de las virtudes masónicas por excelencia: la Tolerancia. Podría decirse que la masonería llegó a ser algo así como la corte civil del imperio napoleónico y, como tal, se fue debilitando junto con él hasta que, para salvarse de la extinción durante el exilio de Bonaparte en Santa Elena, los masones decidieron acabar, entre otras cosas, con la masonería de adopción. Hasta entonces y antes de desaparecer, las logias masónicas y de adopción eran los centros del *glamour* deslumbrante, donde se daban cita los grandes personajes de la alta sociedad. El éxito era tal que hasta María Antonieta, el 26 de enero de 1781, hablando de la masonería dirá: *«Tout le monde en est»*.

Y mientras tanto, ¿cómo evolucionaba la escena de los obreros rigoristas de la escuadra y el compás en el país de origen de la Francmasonería? ¿Qué relación existía entre las mujeres de las islas del norte y la Orden? Según los archivos, y probablemente como reacción, puede afirmarse que en 1779 en Gran Bretaña surge una Masonería Feminista que se manifiesta nítidamente en el *Ritual de la Amazona inglesa*. Son algunos de sus textos rituales:

Es vergonzoso para las mujeres obedecer a aquellos que ellas mismas ponen en el mundo, amamantan y educan...»; «¿Cuál es la segunda ley de las Amazonas?: el manejo de las armas y el estudio de las ciencias.

Hay que memorar que las asociaciones femeninas existían ya en Inglaterra desde el siglo XVII, pero estaban dedicadas a sus actividades estrictamente femeninas, como la educación de la infancia, la caridad, la religión y la moral. Es conocida la expresión *No Women, no cry*! en boca de un masón británico: era la divisa que utilizaba para contestar cuando se le hablaba de dejar entrar a las mujeres en las logias. Hasta tal punto alcanzaba la cerrazón. Así que los principios de la Masonería de Adopción no fueron copiados en las islas británicas, pero sí en Alemania, particularmente en Hamburgo en las logias Concordia y La Bondad Suprema.

En 1780 Giuseppe Balsamo, el Conde de Cagliostro, aventurero italiano ordenado masón en Inglaterra, tardó poco en romper con la disciplina de su logia y Orden y fundó su propio rito, conocido como *Rito Egipcio*. Esta masonería era mixta, pero hombres y mujeres se iniciaban por separado. En 1782 el conde *levanta las columnas* del primer taller femenino, que se llamará *La Colombe*. Era conocido como el Gran Maestro de la masonería egipcia y gran copto de Europa y Asia. Serafina Feliciani, su esposa y colaboradora, ostentaba el título de Maestra Operadora e impartía iniciaciones a las mujeres utilizando el título de «Reina de Saba». Dotada de poderes sobrenaturales viajaba sin cesar de Venecia a Berlín y de Viena a San Petersburgo, adquiriendo prestigio y fortuna. En esta Orden, las doce maestras más antiguas eran conocidas como las «Sibilas». En la *iniciación femenina* se purificaba a la aspirante con laurel, incienso y mirra. Se le entregaba un cordón, *mandil y guantes* y la ceremonia concluía cuando la gran maestra colocaba en las sienes de la *recipiendaria* una corona de rosas. Los masones egipcios podían asistir a la iniciación de las féminas sin participar, en calidad de «hermanos visitadores».

Cagliostro fue un precursor en lo concerniente a la existencia de logias «independientes» de mujeres: en esta masonería no hubo nunca logias de adopción.

LAS INSURGENTES EMANCIPADORAS MEXICANAS

Y en lugar lejano, saltando las aguas del atlántico, valientes mujeres mexicanas nacidas a finales del siglo bien merecen expreso reconocimiento por su peculiaridad manejando la palanca para lograr la independencia de su país tanto como utilizando la regla de la conciencia o el nivel de la Igualdad. Las primeras masonas de México fueron: Josefa Ortiz Girón La Corregidora (1768-1829) —casada con Miguel Domínguez y una de las heroínas de la historia de México por su participación en la independencia del país—, y Mª Soledad Leona Vicario Fernández (1789-1842) Leona Vicario —escritora—, que perteneció al grupo de las conjuraciones que organizaban Los Guadalupes. Ella participó activamente en la concepción del proyecto insurgente desde el mismo centro de su élite, y también como corresponsal de guerra.

Época de insurgencias, revueltas e independencias. Era de libertad y revoluciones. El éxito de los patriotas de las tierras norteñas de América en la consecución práctica de sus ideales de independencia despertaba en la sociedad francesa (por un fenómeno de empatía) las ideas liberales que serían el caldo de cultivo de un próximo y radical cambio, no solamente en Francia sino en toda Europa. Mientras los patriotas norteamericanos declaraban su independencia de Inglaterra (año 1783), en el otro lado del océano se estaba fraguando la Revolución Francesa y, con ella, el derrocamiento (sangriento en muchos casos) de las estructuras feudales y clericales aún vigentes en gran parte del continente europeo.

En los Estados Unidos de América, se cree que la primera logia de adopción se formó en Filadelfia en 1778 por oficiales franceses presentes en el ejército continental. La cita histórica de más amplia difusión sobre la existencia de una mujer masona es la de Catalina Babington, que vivía en Kentucky en el 1800. Cerca de su casa había un edificio de dos pisos utilizados por los masones como logia. Se dice que la señora se ocultaba en un hueco del púlpito en todas las reuniones de la Logia durante más de un año, observando todos los *grados* y aprendiendo todo el trabajo. Finalmente descubierta y al ser estrechamente interrogada, mostró un notable dominio del conocimiento del ritual. Se mantuvo callada durante más de un mes, mientras que la logia decidía qué hacer con ella. Su propio tío tomó una decisión: la vistió con «uniforme» al uso y la condujo al seno de la logia. Allí se le hizo jurar como un masón regular, pero sin derecho de admisión como miembro del taller. La anécdota, verdadera, es un caso aislado y no es indicativo de la aceptación de la mujer en las logias masónicas. Posteriormente, su hijo J. P. Babington, masón en la Logia «Lee» No° 253 de Taylorsville en Carolina del Norte, relató numerosos incidentes provocados por su madre, al usar signos y palabras masónicas durante sus viajes. Parece, sin embargo, que sí es cierta la existencia de una mujer masona en Boston en 1790. Su Venerable Maestro, Hannah Crocker Mather (1763-1829) escribió una serie de notas sobre la Masonería que se publicaron en Boston en 1815. En las mismas se dice que ella tenía conocimiento debido a que *«... en la parte más joven de la vida, [ella] hizo investigar algunos de los principios de la Francmasonería para calmar los temores de sus amigas, cuyos esposos eran masones»*. Otro documento menciona *«...un breve discurso por la Señora de la logia Santa Ann»*.

LIBERTAD, IGUALDAD Y FRATERNIDAD EN LA BASTILLA

Es en el año 1789, bajo el reinado de Luis XVI, cuando el pueblo de París toma la Bastilla y comienza una nueva era para Europa Occidental. Y el mismo año, un francmasón, George Washington, es elegido primer presidente de los Estados Unidos de América. A partir de este momento nada será igual en el mundo. A partir de la Revolución Francesa nada será igual en una Europa dominada, hasta entonces, por tiranos déspotas y clérigos con un inmenso poder terrenal. Los *hermanos franceses* —quizá un poco asustados ante la innovación que la *Masonería de Adopción* representaba— fueron lo suficientemente adelantados a su tiempo: vieron la necesidad de *«abandonar dogmas basados en la fidelidad a ultranza de la letra»*. Fue el primer y tímido paso para avanzar en el camino de la Igualdad que, más tarde, sería una de las bases de la *trilogía masónica* por excelencia: Libertad, Igualdad, Fraternidad. En este ambiente, en el que la mujer marcha al frente de los pelotones que atacan la Bastilla y donde el nuevo himno nacional (*La Marsellesa*) tiene nombre femenino, ¿cómo no iba a cambiar la masonería francesa sus concepciones *andersonianas* respecto al derecho de la mujer a ser libre? ¿Qué «tradición» estaban siguiendo los hermanos franceses? ¿No estaban acaso respondiendo, empujados por la realidad social y bajo el peso de la razón, a las exigencias del momento y dejando a un lado obsoletas concepciones? En 1775 el Gran Oriente de Francia había ya emitido una circular que sostenía que *la ley es la voluntad de la mayoría*, lo que fue recogido dieciséis años más tarde en la Declaración de los Derechos del Hombre y el Ciudadano. De esta manera, dos conceptos se incorporaban a enriquecer la historia de la masonería: la Igualdad de mujeres y hombres, y el Universalismo. La triple divisa «Libertad, Igualdad y Fraternidad» se encontraba incompleta hasta la fecha.

En esos tiempos, se activaban ya fuertemente los movimientos que propugnaban la igualdad de derechos entre hombres y mujeres conocidas como las Sufragistas, que posteriormente pasarían a denominarse Feministas.

VII

Las masonas feministas del XIX

Aires de Libertad recorrían la época a lo largo de los caminos del mundo. De igual forma nacían libertades en la Orden de los Constructores con modificaciones sustanciales y heterodoxas con respecto a los andersonianos, ya convertidos en masones anacrónicos en lo referente a la Igualdad y Fraternidad. Había nacido en la Orden del Arte Real, por otra parte, la escisión llamada del Rito Francés, de carácter fundacionalmente democrático. Y otros aires, modos, novedosos ritos y libertades llegaban a la Francmasonería.

En 1805, un masón vienés llamado Pollack funda el Rito de Misraïm, nombre egipcio de Israel. Compuesto por noventa grados divididos en cuatro series (simbólica, filosófica, mística y cabalística), constituía un híbrido de los distintos ritos ya existentes a los que se añadieron algunos elementos de tipo mágico. Instituido en Milán por masones que no habían sido admitidos en la cúspide del Rito Escocés, se extendió sin dificultad por Italia. Los hermanos Bedarride lo introdujeron en Francia y luego saltó a Bélgica, Holanda y Suiza. Pero fue sin duda en Italia y Francia donde tuvo mayor repercusión, siempre en connivencia con sectores socialistas utópicos, carbonarios o revolucionarios. En este rito las mujeres eran admitidas sin apenas restricciones.

1808. Al producirse la invasión napoleónica en España, los ejércitos franceses establecieron una sólida red de logias militares. Algunas mujeres de estos oficiales pertenecían a logias femeninas, y fueron estas quienes en 1809 constituyeron en Orense la Logia Caballeros y Damas Filocoreitas, esto es «amantes del placer». Los y las *filocoreitas* llamaban «círculos» a sus orgías y cada caballero y dama tenían un nombre iniciático relativo a sus cualidades amatorias. Los ritos estaban extraídos de las prácticas de la antigua caballería y los juramentos y ceremonias lograron mantenerse en secreto. Los historiadores masónicos coinciden en afirmar que los *filocoreitas* tuvieron su origen en el ejército de ocupación de España, extendiéndose a las tropas acantonadas en otros lugares de Europa; jamás contaron con una logia estable en París, y hacia el final del imperio napoleónico ya habían desaparecido.

En 1837, y al margen de las logias de adopción, en varios países fueron iniciadas mujeres en algunas logias masculinas trasgresoras con la costumbre: la revista *El Universo Masónico* sostuvo que Madame de Xaintrailles fue iniciada ese año por la logia masculina Los Artistas de París. En 1834 había nacido en Francia Frederick Auguste Bartholdi, hermano masón, quien fue *alma mater* y diseñador de la Estatua de La Libertad, en Nueva York. Igualmente en este siglo, Albert Pike, Comandante Supremo del Rito Escocés, creó un Rito de Adopción basado en el ritual francés. Una de las primeras mujeres que se iniciaron en su Logia fue la escultora Vinnie Ream Hoxie, quien creó la estatua de Abraham Lincoln que aparece en la Rotonda del Capitolio de los EE.UU.

En 1838, Jean Etienne Marconis de Nègre, en Montauban, funda el Rito de Memphis (nombre egipcio de la tierra de los faraones), que superó al de Misraïm en floración de grados: 94. Ambos ritos se fusionaron en 1899. La Orden continuó mixta, y pocos años después eligieron como Gran Maestre al famoso ocultista Gerard d'Encausse, más conocido como Papús. Los Memphis-Misraïm implantaron sus modos liberales e igualitarios también en España.

FLORA TRISTÁN

1830. Fue iniciada en París la activista y escritora feminista franco-peruana Flora Tristán (1803-1844), quien sería abuela del pintor Paul Gauguin. Emprendió campañas a favor de la emancipación de la mujer, los derechos de los trabajadores y luchó enconadamente contra la pena de muerte y la esclavitud desde todos sus libros (entre ellos: *Peregrinación de una paria, Paseos por Londres, La Unión Obrera* —donde anticipa el lema lanzado por Marx posteriormente: «Proletarios del mundo, uníos»—).

Es considerada como una pionera del internacionalismo, en el que influyó más por su fuerte personalidad que por su propia obra. En su lápida está grabado como epitafio: «Libertad-Igualdad-Fraternidad-Solidaridad» firmado con los tres puntos .·. que identifican a la masonería. Sería pertinente apuntar que ella representa un cambio de rumbo en el quehacer y orientación del trabajo de las masonas en el XIX, que podríamos definir como el paso de la filantropía a la cuestión social, ubicado más o menos entre 1815 y 1848.

HELENA PETROVNA BLAVATSKY

Esos mismos años constituyeron el período áureo de otro movimiento fundado y dirigido por dos mujeres, la escritora y ocultista norteamericana de origen ruso Helena Petrovna Blavatsky (1831-1891) y su sucesora Annie Besant (a la que formó y de la que volveremos a hablar). La ruso-americana mostró desde muy joven poderes psíquicos sorprendentes, y bien que realmente los desarrolló a lo largo de toda su trepidante vida. Desde Turquía llegó al misterioso Egipto para allí iniciarse en el ocultismo de los misterios coptos, egipcios y musulmanes. Viajó prácticamente por todos los continentes de la madre tierra y conoció a líderes políticos como Garibaldi, junto a quien combatió.

Adepta de la tradición oriental y de la teoría de la reencarnación y del karma, desarrolló una nueva filosofía portadora de misticismo sincrético de inspiración budista, próxima al pensamiento cristiano pero despojada de su contenido hebreo y del dogma eclesiástico. Era una pionera del ecumenismo. En 1875 escribió *Isis Desnuda* y fundó la *Sociedad Teosófica*, una sociedad ocultista más que masónica que, en efecto, contó siempre con una alta presencia femenina. La Blavatsky había sido iniciada en la Francmasonería en el Rito Antiguo y Primitivo de Memphis y Misraïm, donde alcanzó el grado de «*Princesa Coronada*».

Helena Petrovna Blavatsky.

Por lo demás, fueron muchos los francmasones que ingresaron en la sociedad teosófica, institución que insistía en recordar que la masonería y las tres grandes religiones cristianas han heredado los mismos bienes. Sostenía que tanto el ritual masónico moderno como el de las iglesias descienden por línea directa de los gnósticos iniciados, de los neoplatónicos y de los sabios de los misterios paganos. Basándose en la descripción de Clemente de Alejandría decía que *«los Grandes Misterios divulgaban secretos y la forma de construcción del Universo, enseñanza que era el principio, el fin y el objeto último de todo conocimiento humano»*... *«La Gnosis pitagórica,* afirmaba Madame Blavatsky, *estribaba en lo mismo: en el conocimiento de las cosas tales como son en sí»*. Sus obras más destacadas son *Isis sin Velo* (cuatro tomos) y *La Doctrina Secreta* (seis tomos).

Un año antes de su muerte recibió y orientó al joven Gandhi, quien en sus memorias declaró deberle su misión libertadora de la India. Thomas Edison, Camille Flammarion, Rudolf Steiner y Piet Mondrian fueron discípulos suyos. Kandinsky, Paul Klee, James Joyce, D.H. Lawrence, T.S. Elliot, Henry Miller y Albert Einstein fueron inspirados por sus ideas teosóficas. La Historia giraba 360 grados y a una mujer masona, a una Maestra, se le reconocían ilustres discípulos varones. Más tarde, los teósofos inspirados en la Blavatsky abrirían su primera logia parisina, la Logia Isis, en el bulevar de Port Royal. Edouard Schouré, autor de *Los grandes iniciados*, fue uno de sus más altos grados.

Era patente, pues, que ya mediada la centuria del XIX, algunas hermanas —además feministas radicales— no estaban dispuestas a permitir que sus maridos deliberaran por separado y se sentían discriminadas por su situación en las logias de los ritos mayoritarios. Es decir, no querían seguir siendo *masonas adoptadas*, sino gozar de idénticos derechos que los varones. A fin de cuentas, el Rito de Adopción se había creado como una rama separada de la francmasonería masculina y aunque se permitía recibir a las mujeres en el seno de la Orden, su objetivo principal era instruirlas y desterrar para siempre de sus cerebros las ideas de fanatismo, superstición e intransigencia, y siempre dentro de su rol y función familiar-social, más que teniendo en cuenta su propia identidad como ser humano. Es deseable no olvidar algunos de sus objetivos señalados expresamente en sus textos: *«Practicar la virtud y la beneficencia, propagar la instrucción, dignificar al bello sexo y hacer de las afiliadas verdaderos modelos de mujeres tolerantes, sensatas y*

Isabelle GATTI de GAMOND

I

Éducation - Féminisme

Édité par les soins

d'Hector DENIS et d'Eugène HINS

PARIS
V. Girard et E. Brière
16, Rue Soufflot

BRUXELLES
Henri Lamertin
20, Rue du Marché-au-Bois

1907

de buenas costumbres, constituyendo en suma, una escuela de educación social libre de toda clase de supersticiones». Obedecer, trabajar y callar eran los deberes como aprendiz para la mujer mientras que para el hombre eran demostrar conocimientos y voluntad, o sea, estudiar, practicar y observar. Estaba claro que se imponía la diferencia entre los sexos. Pero es cierto, también, que algunos hermanos iban a hacer gala de su liberalismo.

1862. Establecido en Italia, Giuseppe Garibaldi fue uno de los primeros en favorecer el ingreso de la mujer en la masonería, como forma de difundir las ideas y los principios masónicos y laicos en la sociedad. Había sido iniciado en Montevideo en el seno de la Logia *Les Amis de la Patrie* en 1844. Comenzó a incorporar mujeres a las logias como Gran Maestre del Gran Oriente de Italia. Existe registro de 1864 que constata la iniciación como masona de su propia hija, Teresita Garibaldi. En 1867, el Soberano Gran Comendador Gran Maestro del Gran Oriente de Italia —siéndolo del Supremo Consejo de Palermo por el Rito Escocés y Aceptado, regularmente reconocido por la jurisdicción escocesa de Estados Unidos e Inglaterra— otorgó grados masónicos a la joven Luigia Candia de Giovanni, «*maestra, casada, nativa y con domicilio en Pisa*», y el grado de Maestra masona a Suzanne Helene Carruthersy suscribiendo su certificado. Era un paso más, audaz sin duda, hacia la emancipación de las mujeres y para la época. Había sido en 1819, cuando las logias italianas habían abierto sus puertas a la participación femenina en adopción.

1865. En Bélgica, La hermana Isabelle Gatti de Gamond crea el Curso de Educación destinado a las Mujeres Jóvenes. Esta nueva escuela sería tomada como modelo por la Enseñanza para las Jóvenes de Francia.

1875. La condesa Hadig Barkocky se unió abiertamente a una logia de Hungría cuyos miembros, todos varones, la aceptaron con naturalidad. No obstante, fueron suspendidos por el Gran Oriente de Hungría como castigo, y ella expulsada.

También durante la segunda mitad del siglo XIX —en Francia fundamentalmente— las mujeres llegan a «apostar» entre la francmasonería y la iglesia católica. Recordemos que es el momento donde se enfrentan las dos ideologías que dominan el periodo: dos concepciones del concepto de Estado se oponen en este sentido, la concepción laica y la concepción confesional. La mujer debe quedarse en casa y ocuparse de su hogar dejando al varón trabajar y cultivarse... o bien, él le permite instruirse y participar en la vida de la ciudadanía...

No se puede olvidar que es en las logias masónicas de la Tercera República donde son elaboradas las leyes más innovadoras para la época y que defienden notablemente los derechos de las mujeres: la ley del divorcio, la de laicidad, y las referidas al trabajo, la educación y la salud. De esta manera, y como resultado de la herencia cruzada del deísmo de las Luces y del espiritualismo de 1848, la Constitución del Gran Oriente de Francia señalaba que la Francmasonería tenía como principios «la existencia de Dios y la inmortalidad del alma». Esta obligación de índole religiosa, en la práctica, no se respetaba ya en una época en que las élites intelectuales estaban profundamente marcadas por el agnosticismo filosófico de Auguste Comte. En 1877, el *Convento* del Gran Oriente de Francia abolió, pues, esta obligación. De este modo nacía la Masonería liberal —o adogmática— que, considerando que el compromiso masónico no es en esencia religioso, deja a sus miembros la libertad de creer o no creer.

Poco a poco, a lo largo del siglo XIX, las logias de adopción irían desapareciendo o subsistirían en un estado vegetativo, con un desarrollo muy lento, y siempre con menos miembros que la masonería masculina. No obstante, a finales de la centuria, la Masonería de Damas llegó a tener unas ciento cincuenta Logias.

Fue en 1869 cuando el pastor protestante Frederick Desmons propuso en una Convención del Gran Oriente de Francia la *Iniciación Femenina*, siendo rechazada por el máximo cuerpo legislativo de esa Obediencia, el Consejo de la Orden. No obstante, a partir de esa fecha se tomó la costumbre de invitar a mujeres conferencistas a sus instalaciones, entre ellas a la prestigiosa periodista y abogada María Deraismes, que en 1868 ya disertaba sobre los derechos de la mujer. En 1877, El Gran Oriente de Francia da un viraje radical hacia la libertad de conciencia, que se profundizará en 1884 con el cambio de sus rituales. A partir de entonces, abruptamente se rompen las relaciones con la Gran Logia Unida de Inglaterra, quien organizará todo un sistema discriminatorio internacional de reconocimientos y regularidades (que llegará hasta hoy, s. XXI). La decisión de la Gran Logia Unida de Inglaterra de romper relaciones con el Gran Oriente de Francia se enmarca dentro del gobierno conservador de Victoria, reina de Gran Bretaña e Irlanda (1837-1901) y emperatriz de la India (1876-1901), y vinculada a sus intereses imperiales de relación con las castas reinantes y religiosas europeas. Volveremos a Francia al final de este capítulo.

LAS ADOPCIONES EN AMÉRICA

1850. En los EE.UU. se publicaba un ritual de adopción bajo el nombre de «El Rosario de la Estrella de Oriente» —que daría lugar a la orden del mismo nombre (OES)—, un organismo para-masónico abierto a masones y a sus mujeres familiares. Se basaba, por una parte, en el Rito Francés de Adopción y por otra, en varios ritos escoceses del s. XIX introducidos y de uso común en el nuevo país americano. Algunos de estos grupos fueron formados por hijas y esposas de masones, como la logia Heroína de Jericó. La Orden de la Estrella de Oriente era creada cinco años más tarde con sede en Boston, Massachusetts, por el masón, abogado y educador Robert Morris, y aceptada rápidamente por la masonería regular estadounidense, que inmediatamente puso a su disposición para sus reuniones los edificios masónicos en todo el país. Utilizaba sus propios rituales masónicos, aunque su reglamento requería que el oficial principal de la logia fuera una mujer (*the Matrona Worthy*), pero —¡cómo no!— también a su lado un hombre masón ocupando el cargo de igual importancia: el de 'patrón digno'. Más tarde, también para chicas y mujeres, se crearían las organizaciones de tipo masónico: la Orden del Amaranto en 1873 y el Blanco Santuario de Jerusalén en 1894.

Entre las hermanas masonas de la Estrella de Oriente figuran tres mujeres emparentadas entre sí —a otras aludiremos posteriormente— que pertenecían a la misma familia, y cuyas vidas a través de la obra literaria de una de ellas se harían un siglo más tarde muy populares, también en Europa:

Caroline Lake Quiner Ingalls (1839-1924) fue la madre de la novelista estadounidense Laura Ingalls (autora del libro *La pequeña Casa del Prado).* A la edad de 16 años comenzó a enseñar en la escuela. Ya casada fue madre de cinco criaturas, entre las cuales dos de sus hijas fueron masonas, Laura y Carrie. En la famosa serie de televisión *Little House on the Prairie* su personaje fue interpretado por Karen Grassle.

Laura Ingalls Wilder (1867-1957) fue autora de la serie de novelas para la infancia *La Pequeña Casa en el prado,* basada en su propia infancia dentro de una familia de pioneros americanos a finales del XIX. Laura comenzó a escribir artículos para el *Missouri Ruralist,* así como para otras revistas. Ello hizo que su hija la animase a escribir sus memorias. Redactó así su autobiografía en 1930 y la tituló *Pioneer Girl.* Pero, no encontrando editor, la reescribió en parte y la publicó bajo el título de *La Pequeña Casa en las grandes praderas.* El libro encontró un éxito inmediato, lo que animó a Laura a escribir la consecuencia de sus aventuras y de las de su familia. Esta sucesión de libros fue popularizada por la serie americana *La casa de la pradera,* en la que la actriz Melissa Gilbert representaba el papel de Laura.

Con respecto a diferentes países, los cuerpos directivos de las Obediencias Masónicas de Brasil, México, Argentina, Cuba y otros establecieron Logias del Rito de Adopción a finales del siglo XIX (y lo harán asimismo hasta las primeras décadas del XX). En Brasil, a comienzos de 1871, hermanos de las logias Amizade y América pertenecientes al Gran Oriente de Benedictinos fundan la logia de mujeres 7 de Septiembre, cuya primera Gran Maestra fue Francisca Carolina de Carvallo; como oradora figuraba Augusta de Oliveira Campos. En México, como se hacía en Francia y Portugal desde los últimos años del siglo —y antes de proceder a la reforma legal de sus estatutos reguladores—, varias logias masculinas comienzan a aceptar en sus trabajos a mujeres… *«afirmando con rotundidad el horizonte de real universalidad que las distingue».* Así, bajo el amparo de la Gran Dieta de México, serían fundadas dos logias femeninas llamadas María Alarcón de Mateos» nº 27 (fundada antes de 1890) y Josefa de Cantón (1891) que trabajaron en el Distrito Federal y en Laredo (Tamaulipas). Estas logias femeninas no eran de adopción, pero solo eran autónomas en su régimen interno, y estaban sometidas al gobierno de la Gran Dieta, en especial a su promotor, quien bajo presiones de las logias masculinas de ese tiempo se vio obligado a disolverlas en 1897. Es cierto que la masonería femenina en México fue efímera en el s. XIX debido a las presiones de la masonería internacional y el país prefirió mantener su estatus «regular» a la inclusión de las mujeres. Existen logias femeninas, pero no son promovidas ni alentadas. Pero la corriente reformadora era imparable en lo que respecta a las mujeres masonas y, en 1898, se forman en el norte de México cuatro logias integradas por mujeres.

En Argentina, podrían considerarse dos periodos de la presencia masónica. El primero, que abarca aproximadamente desde 1795 hasta 1856 —y del que no existe apenas documentación—, y un segundo —desde entonces hasta el presente—, con la fundación de la actual Gran Logia de la Argentina de Libres y Aceptados Masones del Rito Escocés Antiguo y Aceptado. La Gran Logia de la Argentina se adscribe desde su fundación a los postulados de la Gran Logia Unida de Inglaterra, y es una Obediencia reconocida por esta última, por lo tanto excluye a la mujer de sus filas. No obstante, la documentación hallada revela el poderoso influjo de la masonería en el interior del país a fines del s. XIX y el papel preponderante jugado por la mujer. En la revista mensual *La Luz* editada por la Sociedad «Hermanas de los Pobres» puede leerse: *«En el seno de la Logia masónica Lúz del Sud* nº 39, *en esa asociación cuyo norte fue siempre levantar el imperio de la razón abatiendo el de los abusos falsamente apoyados en la santidad de la religión, nació la filantrópica Sociedad «Hermanas de los Pobres» basada en principios de caridad práctica y emancipándose de falsas fórmulas religiosas que nada producen en bien de la humanidad».* Hermanas de los Pobres fue instalada en Buenos Aires en el año 1880 por iniciativa del Gran Maestre Manuel Langenheim, como entidad auxiliar de la Masonería y para que colaborara con el Asilo San Juan, primer hospital del pueblo fundado por la Logia. Ellas editaban las publicaciones *Ideales de Luz y Verdad,* donde se hace referencia explícita al papel que se espera de la mujer en la sociedad:

> *Separación de la iglesia y el estado/Sanción del proyecto de divorcio presentado al congreso y Educación científica e integral a la mujer, para hacerla madre e institutriz.*

Existe otro documento histórico titulado *Las iniciaciones masónicas* con ideas filosóficas, políticas y sociales de la Masonería del s. XIX en el país austral, donde la mujer ocupa un lugar destacado en la ceremonia iniciática:

> *La mujer ¡oh! la mujer futura me atrevo a decirlo y a proclamarlo:* ¡Única regeneradora del mundo! *¡Arranquémosla a la superstición, al error, a esa enseñanza casuista, irracional de la escuela del dogma de hierro! Nutrámosle su mente de verdades científicas, de máximas tolerantes de justicia, de altruismo.*

¡Hagámosla humana, hagámosla mujer! Que sea la vestal guardadora del honor del hogar; que sea madre cariñosa; que sea también la primera y la que diga siempre a sus hijos que en la ciencia, la justicia y el trabajo, reside la felicidad del género humano.

Cita Emilio J. Corbière que, revisando los archivos de la Gran Logia de Argentina, encontró la publicación *El Oriente,* revista semanal masónica de 1892 (20 de septiembre), en cuya página 485 se lee:

> *Hijas de Osiris. Este es el nombre que han designado para la Logia de señoras. Las dignidades son como sigue: Gran Maestra Cecilia Vilar de Vilar; Inspectora Ángela Rusconi; Depositaria Francisca Martínez de Varela; H.·. Tesorera Aurelia Zamorano de Miranda; Com.·. Benef.·. Concepción Vila de Badia, Ángela del Valle, Dorotea Lanfranco, María de Lanfranco. Resolvieron instalarse... demostrando que la mujer se rebela contra la superstición y el oscurantismo. Sinceros y entusiastas plácemes a tan fuertes y dignas damas.*

La Logia de adopción Hijas de Osiris funcionaba en la sede del Templo masónico de la Gran Logia de Buenos Aires.

En el Perú, la masonería femenina ya trabajaba desde 1879, siendo figura importante la masona Clorinda Mattos de Turner, quien dirigía el semanario *El Perú Ilustrado,* donde tuvo un serio revés en 1890 por la publicación del relato *Magdala* del escritor brasileño Henrique Coelho Netto. Este texto fue considerado sacrílego y la causa por la cual el arzobispo de Lima, Manuel Antonio Bandini, prohibiera bajo pena de pecado mortal la lectura, venta y difusión del semanario. La iglesia católica inició una campaña en su contra que en realidad ocultaba el motivo real del enfado: la publicación un año antes de la novela *Aves sin nido,* en la que se denunciaba la corrupción del clero. Finalmente, tras ser excomulgada, en 1891 Mattos presentó su renuncia para que se levantase la censura eclesiástica contra el semanario. Los estudiosos afirmaron que la cuestión de fondo fue que Clorinda era masona, y la iglesia por entonces tenía un sentimiento anti-masón muy exacerbado.

LA REPÚBLICA FRANCESA Y LA IGUALDAD CIVIL Y POLÍTICA

La consolidación de la III República en Francia en la década de 1880 señala el retorno de la francmasonería al espacio social. Retorno que va a ir acompañado de una profunda renovación de la institución masónica. La corriente progresista iniciada en 1860 por Massol —profeta de la «moral independiente»— toma el poder en el Gran Oriente de Francia. Paralelamente, las *logias azules* del Supremo Consejo de Francia se emancipan para, finalmente, crear la Gran Logia de Francia. Los cuadros jóvenes de la nueva República, marcados por el positivismo, querrán también reformar la Orden para convertirla en herramienta al servicio del progreso de la Humanidad.

Fue Léon Richer quien llevó la ofensiva en las asambleas generales de francmasones. Periodista republicano, impregnado de los principios de 1789 y partidario de la igualdad civil y política para hombres y mujeres, fue el militante más ardiente de esta causa. Para convencer a sus hermanos que rechazaban sin cesar la decisión admitir a las féminas en la francmasonería, pidió a la escritora, abogada y periodista María Deraismes su intervención en conferencias públicas (en París a partir de 1866) en el Templo del Gran Oriente de la *Rue Cadet*. Así en 1870 Richer organiza el primer *banquete* feminista, y el segundo tuvo lugar en 1872 con conferenciantes como Victor Hugo y Louis Blanc. Pero no todos los varones masones van a estar de acuerdo, como veremos, y en 1892, la Gran Logia de Francia, máximo órgano de la masonería francesa, decide expulsar a la iniciada y famosa abogada. Marie Deraismes, con la colaboración de George Martín y el Venerable de la Logia *Les Libres Penseurs*, también expulsados, iniciará una nueva fórmula: la denominada masonería mixta. Resultará todo un hito, una metamorfosis en la Historia del Arte Real. Representa una diferencia substancial con respecto a todas las masonerías anteriores por admitir, en pie de igualdad y dentro de una misma logia, a hombres y a mujeres. Nacería con esta proclamación de equidad entre hombres y mujeres, por fin, la Igualdad total en la Orden de los Constructores y Constructoras.

María Deraismes.

VIII

La igualdad esencial de la co-masonería o masonería mixta

MARÍA DERAISMES

La Gran Logia Simbólica Escocesa (GLSE) nace en el Hexágono el 11 de julio de 1880 cuando 12 logias del Supremo Consejo de Francia se escinden para crear esta nueva Obediencia al reclamar el principio «*ser franc-masón libre en una logia libre*» desembarazándose así de la tutela de un Consejo Supremo nacional... y de un Gran Arquitecto del Universo. Pero hay que señalar que la GLSE era —como las otras— una obediencia estrictamente masculina.

En la misma época, hasta esa fecha y desde años atrás, hacia 1865, el salón parisino de Marie-Adélaïde Deraismes (a quien todos llamaban Maria), la escritora, traductora, dramaturga, periodista, abogada y conocida activista de la emancipación de las mujeres y sus derechos, ya se había transformado en lugar de citas literarias y artísticas de republicanos y masones. En esa época, ella se iniciaba en el panfleto feminista publicando varios artículos en el diario Le Nain Jaune y sobre todo en Le Grand Journal, donde destacaba por su talento de polemista, reivindicando la emancipación de la mujer. Un año más tarde, y tras numerosas dudas, decide tomar la palabra en el transcurso de una conferencia organizada por el Gran Oriente de Francia.

98

Liberté – Egalité – Fraternité.

Fermeté. 

Courage.

Solidarité.

La récipiendaire, avant de passer aux épreuves qui l'attendent, remplira la formule ci-contre, par ses noms, prénoms âge, etc. et écrira ses réponses aux questions qui lui sont proposées, puis elle fera son testament dans les termes les plus clairs et les plus concis possible, de manière à ne laisser aucun doute sur ses intentions dernières qu'elle signera.

La profane Maria Deraismes âgée de 46 ans, née le 15 Août 1835 à Paris département de la Seine demeurant à Paris ~~rue~~ Avenue de Clichy nº 52 sans ~~profession~~ de a répondu aux questions suivantes :

Questions,

Quel est votre but en entrant dans la Maçonnerie ?
Mon but est de mettre fin au préjugé qui en relègue la femme, car si la femme n'a pas été admise jusqu'ici, il pourra s'accomplir au sein des loges une oeuvre de relèvement général des consciences.

Quels sont les devoirs de la femme envers l'humanité et envers la patrie ? Faite par la nature pour être l'agent moral dans la famille et dans la société, son premier devoir est de se pénétrer des principes de la morale, cette science de la direction de la vie sans laquelle il n'y a ni caractère ni grandeur et la plus éminente vertu qu'elle puisse rendre à l'humanité et à la patrie.

Quels sont les devoirs de la femme envers elle-même ?
Développer ses facultés supérieures, étudier la question avant de porter un jugement et être soucieuse de sa dignité.

Testament, (1)

Mes travaux, mes écrits, mes discours disent assez quel a été le but de ma vie : combattre l'erreur et l'injustice. Certes, je n'ai pas la prétention de léguer un grand exemple après moi. Mais j'affirme que je laisserai celui de la plus profonde conviction dans la progressibilité indéfinie de l'humanité et du plus sincère amour pour mes semblables.

Maria Deraismes

(1) Il ne s'agit point ici pour la profane de prendre des dispositions pécuniaires et d'ordre successif, mais de faire connaître par un testament moral et philosophique le but qu'elle entend donner à sa vie, et de dire quels exemples elle espère léguer aux siens.

Testamento filosófico de María Deraismes.

En 1870, participa en la creación de la Sociedad para la Reivindicación de los Derechos de la Mujer que se fusiona con la Sociedad para la Mejora de la Condición de la Mujer, asociación que había fundado con su amigo Léon Richer. Desde aquí lucha con tenacidad para que las mujeres tengan derechos civiles y políticos. Para ello lleva una ferviente campaña a favor de la escuela laica, la única capaz de contribuir a que la mujer sea un ser culto, libre e independiente. Con la guerra de 1870 se prohibieron sus conferencias, pero escribía ya en todos los periódicos liberales de la capital. La polémica sostenida por entonces con Alejandro Dumas hijo contribuyó a potenciar su fama de mujer inteligente, segura de sí misma y valiente. Su formación filosófica y conocimiento de las culturas de Oriente y Occidente, así como su apuesta por la libertad de conciencia con cierto talante anticlerical eran ya bien apreciadas. Con tal bagaje, en 1879 presidió el primer Congreso Internacional por el Derecho de las Mujeres, y siendo su actividad tan intensa, se formó un comité que quería que se presentase a las elecciones legislativas de 1881. María se negó ya que, a pesar de sus esfuerzos, la ley no había cambiado y su candidatura sólo podía ser una candidatura de protesta.

Su batalla para la admisión de las mujeres en la Masonería no era reciente. En 1881 pidió su admisión en la logia *Les Libres Penseurs* de Pecq —villa al oeste de París— e integrada en la Gran Logia Simbólica Escocesa, que recibió su petición de admisión perfectamente en regla y firmada por siete maestros. Recordemos que la logia era masculina. Es entonces cuando este Taller, contra la opinión de diputados de otras logias de la GLSE que deseaban en ese momento fusionarse con el Gran Oriente de Francia, marca el principio de la iniciación femenina en su reglamento interno y proclama autónoma la logia el 9 de enero de 1882, unos días antes de la iniciación de María (14 de enero) en presencia de Georges Martin, miembro del comité de la nueva GLSE. Es así como en esa fecha, con gran concurrencia y expectación, María Deraismes era iniciada como masona en presencia de altos dignatarios francmasones. La emoción que provocó el acto de insubordinación de la logia del Pecq al iniciar en los misterios de la Luz a una mujer fue enorme. Se entabló una viva polémica y cuatro meses después de este acontecimiento, la logia tuvo que abandonar la obra emprendida.

Orient du Pecq.

Loge Ecossaise les Libres penseurs.

LIBERTÉ · EGALITÉ
LES LIBRES PENSEURS
Or∴ du Pecq
FRATERNITÉ

Déclaration de principes.

La récipiendaire doit apposer sa signature au bas de la déclaration de principes.

La franc-maçonnerie a pour base la solidarité humaine. Elle a pour but le perfectionnement moral de l'humanité, pour moyens l'amélioration constante de sa situation matérielle et intellectuelle, et pour devise, *Liberté, Egalité, Fraternité*.

Elle est l'école pratique, le temple d'enseignement de ces trois principes fondamentaux de toute association humanitaire qui veut la justice et le progrès.

La franc-maçonnerie n'impose aucune limite à la recherche de la vérité, et c'est pour garantir à tous cette liberté complète de la pensée dans toutes les directions de l'esprit, qu'elle exige la tolérance de toutes les opinions.

Elle est ouverte à tous sans distinction de nationalités, de races, et de toutes croyances, et ne demande à ses adeptes que d'être libres et de bonnes mœurs.

Elle fait appel à toutes les bonnes volontés et accepte le concours de tous ceux qui croient que des efforts isolés ne peuvent rien produire de fécond.

Bien penser, bien dire, bien faire; poursuivre la recherche de la vérité. Apprendre dans les temples la pratique des idées de liberté, d'égalité et de fraternité, pour les mettre en œuvre dans la vie profane. Aider au développement progressif de l'humanité par l'étude théorique de tous les grands problèmes sociaux et moraux, par la propagande maçonnique, par les écrits et les livres, tels sont les devoirs que la Franc-Maçonnerie prescrit à tous ses membres.

Elle s'interdit toute discussion politique, toute immixtion dans la marche des affaires publiques, toute critique des actes de l'autorité et des diverses formes de gouvernement.

Elle prescrit à tous ses adeptes comme citoyens et comme Maçons d'être prêts à tous les sacrifices que demanderait leur pays.

Signature ~~du candidat~~.

Maria Deraismes

La signataire déclare avoir pris connaissance avant de l'avoir signée, de la déclaration ci-dessus.

Testamento filosófico de María Deraismes.

Todavía hoy es impresionante el discurso de *Iniciación* de la Deraismes, que tiene vigencia por actual:

> *Habéis dado un gran golpe hermanos, al romper con estas viejas tradiciones basadas en la ignorancia. Habéis tenido el valor de enfrentaros con los rigores de la ortodoxia masónica. Y recogeréis sus frutos. Se os considera hoy cómo heréticos porque sois reformadores. Pero como en muchos ámbitos la necesidad de reformar impera, no tardaréis en triunfar. Existe un gran movimiento a favor de la liberación de la mujer. Estamos en los albores y por ello encontramos tantas dificultadas, tantos prejuicios seculares aun fuertemente arraigados en las mentes, incluso los que se creen fuera de su alcance padecen inconscientemente el yugo de la leyenda. Desde que el mundo es mundo, la mujer ha sido ignorada, es, permitidme la expresión, un valor desconocido ... Así es como preparáis los cimientos de una verdadera democracia. Permitidme para acabar añadir algo. Se puede soportar aún que la ortodoxia masónica nos prohíba durante algún tiempo la entrada a sus templos y que siga considerándonos como profanas. No nos afectará. Trabajaremos activamente para que se den cuenta de su error. En resumen, lo que dicen allí, lo decimos también: estamos bien aquí, aquí nos quedaremos.*

En 1891 María había sido vicepresidenta del primer congreso anticlerical de Francia, y en 1892, el Supremo Consejo, como máximo órgano de la masonería francesa, decide expulsar a la iniciada. La respuesta de la Deraismes, superando su decepción, sería un órdago en toda regla. En colaboración con sus otros hermanos expulsados —George Martín y el Venerable Maestro de la logia— iniciará una nueva fórmula heterodoxa rompiendo esquemas tradicionalistas: la Masonería Mixta o Co-masonería. Esta se iba a diferenciar substancialmente de las distintas masonerías existentes al admitir en pie de igualdad, dentro de una misma logia, a «hermanos y hermanas» (el artículo 1° de su constitución citará textualmente: «*El Derecho Humano afirma la igualdad esencial de los dos seres humanos: el hombre y la mujer*»). Levantaba columnas el primer taller mixto el 14 de marzo de 1893 iniciando a 16 mujeres. Será de esta *Logia Madre* de donde nacerá el 4 de abril de 1893 la Gran Logia Simbólica Escocesa Mixta de Francia —«Le Droit Humain», bajo la dirección del doctor Georges Martin, obediencia que pasará a denominarse Orden Masónica Mixta

Internacional *Le Droit Humain* (El Derecho Humano) el 12 de junio de 1901.

María no podría asistir a su desarrollo debido a su enfermedad, como no disfrutaría de otros logros sociales por los que tanto habia laborado. En la víspera de su muerte, el 5 de febrero de 1894, nuestra heroína recibía una carta de gratitud de la Federación de los Movimientos Feministas, felicitándola por el resultado alcanzado en el Senado el 19 de enero por su gestión a favor de las mujeres comerciantes en los tribunales de comercio; era el reconocimiento del derecho civil para las mujeres. Declaró con una sonrisa a sus amigas:

> *Sí, creo en la victoria pero llega demasiado tarde para mí, veo que nuestras reivindicaciones llegan a buen puerto. Me voy con la idea reconfortante de que no pasará demasiado tiempo hasta que se alcance. Permaneced unidas, de ello depende el éxito.*

Esta idea de la unión fue su última preocupación y su última recomendación.

La Deraismes demostraría con el transcurrir de los años —se puede decir ya siglos— una modernidad absoluta. Analizando en profundidad su pensamiento e ideas se reconocen en ambas que ahí estaba ya el feminismo de la diferencia, — presente también en Isabelle Gatti de Gamond— , que encierra a las mujeres en una contradicción que percibimos ahora insoportable. Poseedora de una cultura inmensa, protestó enérgicamente contra el método de la frenología (estudio de los cráneos). Aun así —y no sin paradoja— afirmó que las mujeres se benefician de calidades innatas como la dedicación y la abnegación —quien sabe si tenía razón…—. Y por expresarlo resumidamente, era una liberal que no hablaba de clases pero sí de «capas sociales», sí «de intervenciones» y no de luchas. De similar manera, su combate para la igualdad de los sexos se basaba en una reforma de la educación bajo el uso de la razón. Esta llamada a la razón le permitió afirmar que la inferioridad de las mujeres no es de naturaleza sino de la culturización: *«Falsa es la ciencia que pudo hacer creer en una inferioridad física»*. (¿Quién utilizaría entre las teóricas feministas este mismo pensamiento un siglo más tarde...?) Una frase de María Deraismes: «*El error no nace de la naturaleza sino de la sociedad*» deja con todo predecir el famoso «*No se nace mujer, se llega a serlo*» de…

Simone de Beauvoir. Es bien cierto que las primeras veces que leí a Deraismes siempre tuve presente que las teorías de la Beauvoir sobre el segundo sexo se asemejaban a la Deraismes. En este sentido me sumo a las últimas investigaciones académico-feministas de la profesora Cristina Molina Petit, que sugieren que Simone de Beauvoir pudo plagiar parte de su *corpus* teórico y parte de su obra de los escritos de Deraismes, a quien hay que considerar como una figura trascendental en la Masonería Universal, pues de su mano nació la primera Orden Masónica Mixta.

La creación de *Le Droit Humain* (El Derecho Humano) provocó lógicamente un revuelo en la francmasonería gala e internacional. Simultáneamente a su nacimiento, el Supremo Consejo de Francia da la libertad a sus logias simbólicas creando la Gran Logia de Francia en 1894. Es entonces cuando la gran mayoría de las logias de la GLSE deciden agruparse no en el Gran Oriente de Francia, sino en la recién creada. Ocurriría *de facto* en 1895. María Deraismes fallece el 6 de febrero de 1894. La tarea de la organización y desarrollo de *Le Droit Humain* corresponderá al Doctor Martin, consejero municipal de París, quien fue posteriormente Presidente del Consejo General del Sena y también Senador.

CLEMENCE ROYER

Es otra importantísima mujer a la que hay que incluir en lo que respecta a la creación de la Orden del Derecho Humano. Esta antropóloga, arqueóloga, filósofa, librepensadora, científica y etc., había nacido en 1830 en Nantes, en una familia de monárquicos legitimistas. Sería en el convento católico donde ingresó para hacer sus estudios donde se sentiría atraída por el misticismo. París fue la ciudad donde vivió la Revolución de 1848, en la que se alejó definitivamente de la religión y se hizo republicana. En 1860 va instalarse en Suiza y allí surgiría el escándalo con sus clases de lógica, que impartía a las mujeres de la región. A pesar de su instrucción se asustaban con sus ideas, en particular cuando proclamaba que *«el ser humano es un animal»*. En Lausana conoció al economista Pascal Duprat con quien asistiría en 1863 al Congreso Internacional de las Ciencias Sociales en Gante. Allí obtendría el primer premio compartido con Proudhon. Desde entonces, la fama de su nombre se extiende. Escribe y publica: la obra de Royer es de una gran riqueza en cantidad y contenido. Preocupada por la situación de las mujeres escribía en un lenguaje términos que hoy no son todavía de uso generalizado, ya adelantándose al siglo: *«La diferencia de género no puede justificar la dominación de un sexo por otro»*. Científica reconocida, tradujo al francés en 1862 la obra de Darwin *El origen de las especies*, pero su investigación fue más allá. Se la consideró una hereje científica al refutar la teoría darwiniana de la inferioridad de la mujer. Como a otras tantas librepensadoras, el discurrir de los tiempos le daría la razón... A partir de 1859 elaboró la teoría de la sustancia cósmica formada por elementos atómicos fluidos, que completó con trabajos sobre la prehistoria. La parte fundamental de éstos se refiere al ser humano. Sus teorías y estudios consiguieron que en 1870 fuera la primera mujer admitida en la Sociedad Antropológica de París. Clemence, mujer decidida, talentosa e independiente, dominaba la filosofía, la física y hasta la economía política. En 1881 fundó la Sociedad de Estudios Filosóficos y Morales en Francia. La Royer trabajaba fundamentalmente con visión de socióloga pero es bien cierto que era la condición de las mujeres lo que le interesaba más. Muestra claramente la injusticia y desigualdad en las que vivían participando en el movimiento feminista, y en ese socio-espacio fue donde se encontró con Deraismes. Alejada para siempre de toda religión se reafirmó ya rotundamente condenando los dogmas: *«Mi religión es la Verdad»*. Ella fue una de los miembros fundadores de El Derecho Humano en 1893 y Venerable Maestra de honor de la logia mixta. Ciertamente, la celebración de su centenario en 1930 puso de relieve la calidad y el tamaño, tanto de su personalidad como de su obra.

Marie Bonnevial (1841 1918), una de las primeras profesoras de la enseñanza pública francesa fue una activa militante en la formación profesional de las jóvenes muchachas y el sindicalismo, así como en la Liga de la Enseñanza. Fue también iniciada en 1893 en el Derecho Humano, al igual que María Béquet de Vienne, fundadora de diversas obras sociales.

POR PRIMERA VEZ MASONERÍA MIXTA EN PIE DE IGUALDAD

El Derecho Humano-*Le Droit Humain* mostraba irreverentemente que el sujeto masónico dejaba de ser por definición exclusivamente masculino, y que por definición era también femenino: se de-construía el discurso excluyente de la francmasonería oficial. Fue a partir de entonces, y después de la fundación de la Logia El Derecho Humano nº 1 de París, cuando se empezó a extender internacionalmente la masonería mixta, sin olvidar que ese desarrollo estuvo cercado por los partidarios de una masonería exclusivamente masculina y por otros, que aunque más abiertos intelectualmente, preferían seguir con el Rito de Adopción. Hoy día, El Derecho Humano, con el título de Derecho Humano Mixto e Internacional, posee logias en todos los continentes.

Pero es necesario volver a París y a los primeros años del siglo XX para explicar otra subdivisión de la masonería mixta. No aceptando ni a la recién creada Gran Logia de Francia, ni a la nueva GLSE-«Le Droit Humain» debido a la existencia de su Consejo Supremo, dos logias de la primera Gran Logia Simbólica Escocesa: la n ° 24 *Diderot* y la nº 42 *Los Inseparables del Arco Iris* se reagrupan en la Gran Logia Simbólica Escocesa Conservada y Mixta. La constitución definitiva se vota el 10 de junio de 1901. La declaración de principios, en el preámbulo, presenta el nuevo lema de la Obediencia «*Libertad-Igualdad-Fraternidad-Solidaridad*», se refiere explícitamente al racionalismo y se propone antirreligiosa. Aparece nombrada asiduamente como GLSE nº 2. En este tiempo, la logia Diderot y El Derecho Humano hacían *tenidas* comunes en los primeros años, pero a pesar de ello una crisis con varios vectores va a causar la ruptura. A pesar de ser las dos obediencias mixtas y feministas, son de sensibilidades político-filosóficas diferentes. La Gran Logia Simbólica Escocesa nº2 fue *dreyfusarde* mientras que la mayoría de los talleres de El Derecho Humano fueron pusilánimes sobre esta cuestión. En la GLSE nº 2 eran anarquistas y defendían la unión libre y el derecho al aborto, mientras que El Derecho Humano, bajo la tutela de sus promotores, predica una 'concepción burguesa' de la familia. Sin duda la rivalidad se instaló entre las dos obediencias. La GLSE nº 2 irá decayendo poco tiempo después, no sin un doble y bello canto de cisne: la iniciación de las importantes figuras políticas Madeleine Pelletier y Louise Michel, a quienes encontraremos posteriormente en los capítulos X y XIII, ya correspondientes al siglo XX.

EN AMÉRICA DEL NORTE

Clara Barton, filántropa americana (Massachusetts, 1821-1912) fundó en 1877 el Comité Nacional Americano que pasaría a convertirse en la Cruz Roja de Estados Unidos de América en 1881. Perteneció a la Co-Masonería en la Logia Eastern Star siendo iniciada en su propio domicilio por Robert Morris, fundador de la Orden Mixta.

Durante la guerra civil ella distribuía ayuda a soldados heridos y organizaría más adelante en Washington una oficina de expedientes para ayudar en la búsqueda de hombres desaparecidos. Así identificó y marcó los sepulcros de más de doce mil soldados en Andersonville, Georgia. La Barton creó la Cruz Roja Americana —de la que fue su primer presidente hasta 1904— y participó en el comité internacional sobre la Cruz Roja en la guerra franco-prusiana. Asimismo fue autora de la enmienda americana que proporcionaba poderes de actuación a la Cruz Roja no sólo en épocas de guerra sino en toda clase de calamidades.

Existe una referencia donde Clara Barton dijo en una iniciación *«mi padre era masón y para él era una religión para el amor. Yo tengo el honor de serlo«*. Llegó a ingresar como hermana de la Orden en 1906.

IX

Damas masonas y librepensadoras españolas: ilustradas liberales y liberadas

A lo largo del siglo XIX, no sólo en España sino también en Francia —países de dominio católico—, el feminismo se iba construyendo desde logias masónicas controladas por varones librepensadores, como ya citamos. El objetivo de las mujeres que participaban en ellas era la instrucción femenina, la creación de escuelas, academias, círculos o asociaciones donde ellas se formaran en *la Razón y el Progreso.* La cultura en una sociedad laica y el avance de la sociedad eran objetivos que las mujeres compartían con las sociedades masonas. En Francia, la Masonería de Damas había languidecido notablemente en el último tramo del XIX. Era una masonería casi extinta, que sin embargo empezaba a florecer en España. Como estudia con brillantez Mª José Lacalzada, en Cataluña y sobre todo en Barcelona, no era insólito encontrar mujeres compartiendo trabajos en las logias masculinas, tanto en la Gran Logia Simbólica Regional Catalana como en el Gran Oriente de España. Ambas obediencias dan muestras de apertura y modernidad con la participación de las mujeres.

Es en el contexto de libertad del Sexenio Revolucionario (1868-1872) cuando la Orden se imbrica en el juego sociopolítico. Como sus objetivos generales eran la secularización y democratización del Estado, para ello pusieron manos a la obra —no en vano eran «descendientes de albañiles»— y comenzaron su tarea formadora centrándose, específicamente en el caso de las féminas, en su educación. Gran trabajo pedagógico, en este sentido, fue el que llevó a cabo el movimiento krausista con sus Conferencias Dominicales para la Enseñanza de la Mujer, iniciadas en 1869. En ellas participaron intelectuales de la talla de Fernando de Castro (su ideólogo), Canalejas, Sanromá, Pi i Margall, Moret (casi todos ellos iniciados como masones). Es el 20 de noviembre de 1868 cuando, a través de un Decreto, se reconoce a las asociaciones masónicas, con la obligación de ponerlas en conocimiento de la autoridad. También es conveniente resaltar que la historia contemporánea del protestantismo español comienza con el triunfo de la «Gloriosa revolución» y la nueva constitución de 1869 que establece, con la República, la libertad de culto. Eso permitió la organización de la Iglesia Evangélica Española en Sevilla (1869). De manera simultánea, la francmasonería española comenzó una nueva etapa de tal manera que los dos movimientos conocieron un ritmo de difusión paralela. Mas si el gran auge de la masonería comienza a experimentarse durante el Sexenio Revolucionario, la presencia femenina —o colaboración como veremos— en la Orden se limita a la participación individual de ciertas mujeres que ya habían demostrado su categoría intelectual como es el caso de las escritoras y periodistas Ángeles López de Ayala y Amalia Domingo Soler; la dramaturga Rosario de Acuña; Concepción Arenal, escritora y penalista; las hermanas Carvia y la líder federalista Belén Sárraga, por citar algunos nombres y de las que hablaré más adelante.

LAS HIJAS DEL SOL: LA MODERNIDAD COSMOPOLITA LLEGA A ESPAÑA

Es en el año 1872 cuando se crea una publicación que va a resultar muy significativa posteriormente. Me refiero al periódico titulado muy simbólicamente *Las hijas del Sol,* que dirige —durante su estancia en Madrid— Emilia Serrano al regreso de su primera visita a América en 1865. En él publica su novela *La miseria de los ricos. Historia de dos millones.* Del rotativo se sabe que era el órgano de una logia masónica del mismo nombre que presidia la condesa de Priegue, la gallega Pilar Amandi de Ozores. Precisamente, es en ese año cuando se llevan a cabo las primeras iniciaciones de mujeres en España, en las logias barcelonesas Silencio y Moralidad, auspiciadas por el Gran Oriente de España. Esta obediencia intentó integrar la presencia femenina siguiendo una iniciativa de la logia Hijos del Trabajo de Madrid, cuyos hermanos fueron quienes crearon una logia femenina denominada Hijas del Sol —que en otras fuentes aparece como *Asociación masónica y Orden* del mismo nombre—.

El *Taller* se convirtió en un lugar de reunión intelectual muy curioso e importante en la época. Escritoras, dramaturgas, poetas, novelistas, periodistas, mujeres viajeras y empresarias de letras que mantenían contacto profesional entre ellas pertenecían a la logia: Faustina Sáez de Melgar (1835-1895) —directora de revistas—; la ilustre escritora Concepción Gimeno —que vivió en América, y dirigirá las revistas *La Ilustración de la Mujer* y *Álbum Iberoamericano*—; Emilia Serrano (la baronesa de Wilson, escritora cosmopolita y editora en París relacionada con Dumas, Lamartine, Zorrilla y Martínez de la Rosa) y de quien la periodista Carmen de Burgos escribiría años después:

> *Su labor no ha sido la del geógrafo o historiador teórico, que sólo se inspira en los escritos de otro autores. Ella [...] ha realizado peligrosos viajes, como el de remontar la corriente del Plata y hacer las ascensiones de los ásperos flancos del Tandil, del Aconcagua, el Misti, el Chimborazo, etc. [...] Ninguna mujer ha realizado jamás tan penosos trabajos ni abarcado empresa de tal magnitud [...]. Por menos se han aplaudido viajes de francesas e inglesas, celebrando su esfuerzo en todos los tonos. Y estos viajes no han sido de turista; han sido de mujer estudiosa, laboriosa, que ha trabajado incansable.*

Todas ellas y otras —la profesora protestante Salomé Trigo y Faustina Sáez de Melgar (1835-1895)— que también participan en este grupo, crean paralelamente el proyecto del Instituto Femenino Las Hijas del Sol, que se presenta al Gran Oriente de España en 1873, y cuya organización es similar a la llevada a cabo por Concepción Arenal en las conferencias de San Vicente de Paul. Su finalidad: la educación física, intelectual y moral de la mujer (*Boletín Oficial del Grande Oriente de España* 15 octubre 1872, n.° 36). Sáez de Melgar, directora de revistas en Madrid y París (de sus muchas obras merece destacarse *Las mujeres españolas, americanas y lusitanas pintadas por sí mismas* de casi novecientas páginas) también era miembro del Comité de Señoras de la *Asociación Abolicionista* y presidió el *Ateneo Artístico y Literario de Señoras* desde su fundación en 1868. Ajena por completo a la política y los partidos, pide para la recién creada institución especialmente el apoyo de la prensa, del gobierno y la aristocracia ilustrada, lo que consideraba la clase inteligente de la sociedad. Las señoras del Ateneo planteaban la instrucción para todas las clases de la sociedad con la finalidad de que, si lo necesitan, las mujeres puedan crearse un medio de vida con un trabajo. Intentaban contribuir a reformar el deplorable atraso de la mujer en España. Entre los socios que daban conferencias figuraban los más importantes intelectuales del momento, y fue Concepción Arenal quien asumió la tarea de portavoz en la prensa.

Concepción Arenal.

CONCEPCIÓN ARENAL (1820-1893)

En el último cuarto del siglo decimonónico, el feminismo —el Ateneo de Señoras y la Asociación para la Enseñanza de la Mujer—, la masonería, el librepensamiento y los positivistas, los krausistas de la Institución Libre de Enseñanza y el espiritismo constituían un sector sociocultural del que era difícil establecer sus fronteras interiores. Frecuentemente existía ósmosis entre todas estas tendencias que, por lo demás, tenían respuestas comunes ante los mismos estímulos. Para todas estas instituciones la educación era indispensable si se querían solucionar los problemas sociales, y con la aportación de Concepción Arenal sumaron como imprescindible la educación de las mujeres. Esta mujer, para asistir a las aulas y clases de la universidad Central de Madrid, tuvo que disfrazarse de hombre. Siempre bajo la bandera de la rebeldía y con gran confianza en sí misma, la ferrolana se convirtió en una eminente escritora y penalista. A los 26 años publicaba *La Mujer del Porvenir.*

No consta que se iniciara en logia alguna, pero sí hay evidencia de su colaboración con la Logia Femenina de Las Hijas del Sol. Es cierto que permaneció siempre próxima a la masonería y que la temática de sus obras se corresponde perfectamente con el espíritu masónico y con sus ideales filantrópicos. Como miembro de la dirección del Ateneo había sido una de las impulsoras de la Asociación para la Enseñanza de la Mujer, relacionada con los krausistas. La presencia de notorios masones en estas asociaciones no deja lugar a dudas sobre su filiación ideológica. Hay que recordar que en 1875, con la restauración del régimen monárquico de Alfonso XII, se cerraba el Ateneo Femenino y se obligaba de nuevo a seguir una enseñanza dogmática y católica. Paralelamente también se incorpora a la Asociación Abolicionista Española su recién creada rama de Señoras Abolicionistas, sumándose ellas al propósito de hacer desaparecer la esclavitud en las colonias españolas. En esta organización se integran las galaicas Concepción Arenal y Pilar Amandi de Ozores (condesa de Priegue), hermana del Taller Hijas del Sol —entre otras damas masonas—.

Como bien escribe la investigadora del CSIC Carmen Simón Palmer y otras, en lo que respecta a Arenal, la gallega nunca querrá aparecer claramente vinculada a la masonería, aunque tenía grandes amigos en sus filas, muy probablemente su padre era masón y ella colaboraba con las Hijas del Sol. Su insistencia por desmarcarse es notoria, a pesar de que su nombre aparezca vinculado a las asociaciones masónicas. Es decir, colabora con la Orden pero no es iniciada en ella. Al hilo, cita Palmer, como mantiene Arenal que el emblema de la Cruz Roja llegó a convertirse en una «señal inútil o peligrosa para el que la lleva» y como hizo notar desde *La Voz de la Caridad* que la institución era acosada al propagarse desde la prensa católica que la masonería estaba detrás de la Cruz Roja. Arenal no afirmó ni negó la presencia de la masonería:

> *La Cruz Roja abre una nueva era en las relaciones internacionales de los pueblos, es el apóstol más elocuente de la paz que un día (no queremos renunciar a esa esperanza) reinará entre ellos, y revela un gran progreso moral... con sus acciones afirma que los hombres son hermanos, con la caridad, la caridad de San Pablo que no se cansa ni mueve a ira, convenza a sus enemigos de injuria y calumnia, no ante tribunales de justicia, sino ante la conciencia, por los hechos.*

La ilustre escritora era la secretaria general de la Sección de Señoras de Caridad de la Cruz Roja de España, desde que ésta fue fundada en 1870 a iniciativa de Ángela Pérez de Barradas y Bernuy, duquesa de Medinaceli, junto a las señoras más distinguidas de la capital. La Cruz Roja sufrió durante la guerra numerosas persecuciones desde los medios antiliberales.

LAS MODERNAS

Hay que considerar que en los años 1874-80 existió en España un resurgimiento de la Masonería, debido a la influencia de la Primera República. La mujer española solicita su ingreso en la Orden y empiezan a florecer logias de adopción. Entre las del Gran Oriente Español hay que citar Las Hijas de la Regeneración en Cádiz, Las Hijas de los Pobres de Madrid y Las Hijas de la Unión nº 5 en Valencia. En el Anuario del Gran Oriente de 1894 al 95 constan siete Logias de Adopción. También en este período, podemos ver en los Cuadros de Logia masculinos —es decir, en las listas de miembros— nombres de mujeres (por ejemplo en Los Hijos de Riego de Madrid, o en la Nueva Cádiz). Esto nos permite comprobar que, a pesar de las Constituciones de Anderson, se iniciaba a mujeres en el rito masculino (quizás para crear logias de adopción), y que aquellas asistían regularmente a los trabajos de la logia masculina, según lo asentado en sus Libros de Actas. Es obvio que ya a fines del siglo XIX, en algunas logias del Rito Escocés Antiguo y Aceptado trabajaban también mujeres, es decir, se produce la admisión regular de mujeres en los talleres masónicos masculinos en España: fue un momento único en la historia de la Masonería. Ya fue antes anotado que no era insólito en la región catalana, sobre todo en Barcelona, encontrar mujeres compartiendo trabajos con los hombres iniciados en las logias masculinas. Las llamadas de los diversos Orientes para restablecer el Rito de Adopción de Señoras como rama separada e independiente no siempre eran escuchadas. Las Grandes Logias Simbólica-Regional Catalana y el Gran Oriente de España aceptaron la recepción de féminas en igualdad en estos años. De 1887 a 1896 (crisis finiseculares) puede considerarse como la época más proclive y permisiva a la entrada de las mujeres en la Masonería Española: la Ley de Asociaciones del 87 permitía la legalidad de los miembros de la Orden y a partir de 1892 se fijaron con claridad los principios del Rito de Adopción. En este mismo año, en el aniversario del 'descubrimiento' de América, la infanta María Cristina Brousky de Borbón —gran protectora de la Orden y como representante oficial de la Masonería de Adopción— estuvo presente en los actos conmemorativos. En las Logias La Verdad nº 115 de Sevilla y la Estrella Flamígera de Córdoba (ambas del Gran Oriente Español) se admitieron nuevas profanas. En la ciudad andaluza, destacó Isabel Galindo y Osuna de Torres, iniciada en la Nueva Uter 43, adscrita al mixto Rito de Memphis-Misraïm.

En todo el país se abrían los horizontes de libertad para las féminas dentro de la Orden Masónica: cuando algunas de ellas desarrollaban sus capacidades en los Talleres se encontraban con otros hombres sensibles y avanzados dispuestos a comunicar sin prejuicios las mismas luces que ellos habían recibido. La iniciación de la condesa de Apratxin, Julia de Rubio Guillén, en la Logia Fraternidad Ibérica nº 15 de Madrid —primera fémina en el Gran Oriente Nacional de España— resultó todo un motivo de escándalo al revelarse que no había sido realizada con el ritual de

Adopción sino *«como cualquier caballero en toda forma»*. Está claro ya que no todas las mujeres se iniciaron en la orden francmasónica del mismo modo y costumbre: unas lo hicieron mediante el Rito de Adopción o de Damas y otras mediante rituales «regulares» masculinos, como el Rito Escocés Antiguo y Aceptado —el más extendido en España—, el Rito Francés y el de Memphis y Misraïm, mucho más proclive a la igualdad de los sexos. Este último, fundado en España en 1887, favoreció el ingreso de mujeres a lo largo de los escasos años que duró su implantación:

> *Si nuestra Masonería no reconoce fronteras, razas, religiones, ideas... creemos que tampoco debe hacer excepción de los sexos... La Mujer es un factor importante para que la Masonería se desarrolle y llene el objeto de sus trabajos y aspiraciones.*

Su grado 33 Mazzini opinaba que —y hacía propaganda al respecto— debían formarse Logias de Señoras:

> *Educada la mujer en forma que todos sus actos fueran descendientes de sus convicciones, resultaría muy pronto una transformación de la Humanidad y así cambiarían los principios fundamentales de la educación...posibilitando una descendencia de seres con razón y no entes embrutecidos por el fanatismo...*

Increíble modernidad y lucidez demuestran estas declaraciones para la época, que podría —hoy siglo XXI— ser escuchada y reflexionada por los llamados masones irregulares —la mayoría en España y equívocamente denominados regulares—. Ellos se aferran a la prohibición de la pertenencia de las mujeres, a pesar que ello provoca deserción creciente de sus talleres: sabios hermanos, algunos intelectuales de renombre, que abandonan las logias «regulares» españolas por la incoherencia que supone la obcecación de no aceptarlas —ni a hombres declarados homosexuales—, cuando su divisa es Libertad, Igualdad y Fraternidad. Al fin y al cabo un masón —como cualquier otro ciudadano— vive dentro de su tiempo histórico: en este siglo en el que la equidad de género ha conseguido ya el status de Derecho Humano Fundamental (ONU, Conferencia de Pekín, 1995), debe, pues, adaptar sus ideas y pensamientos al consenso de la época y elevarse hacia sus ideales referenciales sin excluir al 52% de la Humanidad, es decir, a las mujeres. Escribía y admitía Mazzini:

> *Si no todas (las mujeres) se hallan en el mismo nivel intelectual, lo cual acontece igualmente entre los varones ¿puede responsabilizarse al todo del relativo atraso por sólo el de una de sus partes máxime cuando ésta pudiera y debiera en la inmensa mayoría de los casos, quejarse del abandono y el ostracismo al que se la tiene sumida?...*

Como él, muchos masones decimonónicos, inteligentes y coherentes con los principios y sabiduría del Arte Real, apostaban por la integración de las mujeres sin trabas, criticando la complicidad que suponía la postura de la exclusión con el clericalismo, enemigo número uno de la Orden Francmasónica y de la libertad y emancipación de las mujeres.

En 1897, fecha del congreso católico, el movimiento feminista iba tomando consistencia. Sumado a esto, sería correcto anotar que la función educadora de la mujer masona en la familia y fuera de ella fue ampliamente difundida dentro de los diversos Orientes de la Orden en España. Ello supuso un argumento muy sólido para permitir a las mujeres el trabajo masónico y uno de los objetivos reconocidos y expresados en el Rito de Adopción. La masona podía ser perfectamente útil como educadora de ciudadanos y ciudadanas (hijos y alumnos) para la patria liberal. Útil para sacudir las influencias teocráticas que a ella misma la oprimían como ser humano considerado inferior. Significaba todo ello una contribución a la autoestima femenina (no sólo existía como abnegada esposa y madre sino que contaba con proyección social). Y podríamos constatar que esta situación constituía un germen de la máxima feminista clave para la liberación: *Lo privado es público*; es decir, salir del espacio privado al espacio público.

En realidad, a lo largo de la segunda mitad del siglo XIX, una selecta minoría de féminas liberales y liberadas, conocidas republicanas, federalistas y librepensadoras —*las modernas* como las define la Profesora Shirley Mangini— fueron a la vez masonas. Los casos de Angels López de Ayala (calificada como la «gran impulsora del feminismo» en Cataluña planteándolo «en términos radicalmente modernos»), Isabel de Zwonar, Rosario de Acuña, Clotilde Cerdà o Aurelia Mateo —entre otras—, sin ser muy frecuentes, no fueron en absoluto únicos. Ellas se relacionaron asimismo de lleno con la causa anticlerical y el pacifismo. El racionalismo y la separación entre lo sagrado y lo profano eran consecuencia de los avances del pensamiento científico. Pero si el racionalismo era liberador frente a las damoclecianas doctrinas oscurantistas también establecía límites dejando insatisfechas otras varias dimensiones humanas. El romanticismo traspasaba el siglo exaltando entonces los sentimientos, la pasión, los misterios de la muerte, lo irracional, lo sensorial, el ansia de inmortalidad, es decir, las otras necesidades humanas. La ley del péndulo: de un periodo de desarrollo científico y de progresos para la humanidad en el mundo exterior al retorno a la tradición revisada y la búsqueda de nuevas formas de espiritualidad en la que las personas tienen conciencia de transformaciones interiores e íntimas. La Francmasonería, en cuanto se presentaba como heredera de antiguas tradiciones iniciáticas representaba una especie de espiritualidad alternativa, transformadora, que combatía las rígidas estructuras de dominación clerical y eclesial. Además de apelar a los valores humanistas universales, que serían la base para la construcción de la laicidad —entendida como neutralidad—, y la implantación de los valores morales universales de la libertad, la fraternidad y la igualdad. Es así que la entrada de mujeres a las logias se debió a varones liberales, permeables al discurso feminista que creían firmemente en el Progreso de la Humanidad y en la necesidad de luchar por la eliminación de prejuicios atávicos. Fue en Cataluña donde se crearon las primeras logias durante el Sexenio democrático. Como hemos citado ya, la primera iniciación de una mujer que se conoce, según Pere Sánchez, es la que se lleva a cabo en la Logia Moralidad en octubre de 1872 que fue seguida por tres iniciaciones en la logia masculina Silencio en las mismas fechas. Según otras fuentes, el primer Taller de Adopción será la de la Logia Lealtad nº 78 de Barcelona que iniciará a la pianista y compositora Aurelia Rosa Clavé —profesora en la Escuela municipal de Música de Barcelona— en 1878, y a Dolores Fernández de Aranda.

CLOTILDE CERDÀ, ALIAS ESMERALDA CERVANTES

A este capítulo de mujeres de la Logia posteriormente se incorporó Clotilde Cerdà i Bosch (Barcelona, 1852 - Santa Cruz de Tenerife, 1926), de nombre artístico Esmeralda Cervantes e iniciático *Esther*, hija del urbanista y humanista Ildefonso Cerdà y de la pintora Clotilde Bosch. Su madre la envió a Roma para estudiar pintura con Mariano Fortuny pero se decantó por la música y recorrió todo el mundo como concertista con gran éxito. Debutó como en el Teatro Imperial de Viena en 1873 y fue muy alabada tanto por Richard Wagner como por Víctor Hugo, quien la bautizó como «Esmeralda (igual que la heroína de su obra más representada) Cervantes» (por el escritor español). En 1875 viajó y actuó en Buenos Aires, en la corte del emperador del Brasil y en Ciudad de México. En 1881 entró a formar parte de Lealtad n° 78, y actuó como solista de arpa en muchas reuniones de beneficencia organizadas por su logia en beneficio de masones represaliados. Llegó a ser Maestra Masona y una gran embajadora de la Orden en sus múltiples desplazamientos artísticos. En Madrid será protegida por la Condesa de Montijo. Hay constancia de su paso por algunas logias de otros Orientes y de su visita a la logia de adopción Minerva en Madrid. Existen dudas (¿1873?) acerca de la fecha de creación de esta Logia de Señoras Minerva, dependiente de la masculina El Porvenir, practicando el rito francés y dependientes del Gran Oriente de España. Cuando en 1885 regresó a Barcelona, puso en marcha con la doctora Dolors Aleu i Riera una institución educativa femenina de alto nivel, la Academia para la Ilustración de la Mujer (*Acadèmia per a la Il·lustració de la Dona*) de Ciencias, Artes y Oficios, que sólo durará dos años a causa de los problemas económicos. Es autora de la obra *Historia del Arpa.* Dirige dos revistas: una en Barcelona, *El Ángel del Hogar* en 1886, y otra en París *La Estrella Polar,* en 1888. Un año antes había viajado a Constantinopla, contratada como profesora de arpa para el harén del sultán del imperio otomano. Finalmente, se retiró a vivir a las Islas Canarias, donde falleció.

Siempre es difícil tratándose de masonería afirmar categóricamente, no únicamente por el secreto de la orden sino también por la destrucción posterior —parcial o total— de documentos; y digo esto porque según otras fuentes documentales, parece ser que la primera logia plenamente femenina fue Hijas de Memphis, instalada en Madrid ya en el año 1877. Reunía a 14 mujeres y dependía del Gran Oriente de España. Consta que mantenía relaciones exteriores y estaba en correspondencia con Lealtad 78 de Barcelona. En 1883, en Alicante, la logia Constante Alona nº 8 y según sus propios archivos, contaba con 12 mujeres que alcanzaron diversos grados, indicando expresamente que pertenecían a su Cámara de Adopción, número que aumentó hasta 18 en 1888:

> *La conexión entre el incipiente discurso feminista y esta Cámara de Adopción femenina se produciría a partir de los contactos establecidos entre los círculos masónicos alicantinos con dos pioneras del librepensamiento, Rosario de Acuña* (iniciada en la logia alicantina en 1886) *y Belén de Sárraga.*

En 1885 existe otra logia de adopción, Colmena, con siete mujeres. Asimismo se iniciaron mujeres en 1888 en la Logia de Lérida Amigos de la Virtud. Ellas formarán en 1889 una Logia de Adopción. En Barcelona, según la revista *La Concordia*, existía en 1889 una logia de Damas con el Rito de Adopción denominada Integridad nº1 dependiente de la logia masculina Integridad nº 240. Igualmente había mujeres en la Logia Libertad en 1889 y en Fraternidad el mismo año. En 1884 se crea la logia de adopción La Creación nº2, en Mahón (Menorca) dependiente de la logia masculina Hermanos de la Humanidad nº 32. En ella figuraban quince mujeres en 1888, casi todas del grado 3º, de lo que se deduce que poseían en gran medida formación y trayectoria masónicas. En estos años y por toda la geografía, poco a poco irán iniciándose otras mujeres que destacaron por sus actividades y presencia públicas.

1887. En Cádiz, la Logia Regeneración nº 118 del Gran Oriente de España dio el paso definitivo de cuestionamiento de la Adopción en la Masonería española al iniciar a Amalia Carvia y Bernal, Ana Carvia y Dolores Guillén. Ellas lucharon desde dentro de la logia masculina, que adquirió cierto estilo mixto con sus discursos, *planchas*, presencias y cargos de responsabilidad femeninos. Las hermanas Carvia —cuyos alias masónicos eran *Piedad y Verdad*— lograrían en 1916 organizar la Liga Española para el Progreso de la Mujer, que resultaría pilar y basamento de La Asociación Nacional de Mujeres Españolas en 1919, y ésta, a su vez, el sillar fundamental donde se asentaría la lucha por la consecución del voto para las mujeres posteriormente.

En España se producen en estas décadas algunos hechos que merecen destacarse por su repercusión: la pérdida de las últimas posesiones coloniales: Cuba, Puerto Rico y Filipinas y el atraso general del país, que necesita, según la opinión de numerosos escritores e intelectuales, una regeneración. En lo político, continúa la alternancia en el poder de los partidos liberal y conservador, con los núcleos rurales sometidos al control de los caciques.

Como la historiografía y las hemerotecas constatan, en el último cuarto del siglo decimonónico, el feminismo —Ateneo de Señoras y Asociación para la Enseñanza de la Mujer—, la masonería, el librepensamiento y los positivistas, los krausistas de la Institución Libre de Enseñanza y el espiritismo constituían un sector sociocultural del que era difícil establecer sus fronteras interiores. Frecuentemente existía ósmosis entre todas estas tendencias que, por lo demás, tenían respuestas comunes ante los mismos estímulos. Para todos ellos la educación era imprescindible para la solución de los problemas sociales.

BELÉN SÁRRAGA

Belén de Sárraga Hernández nació en 1873 en Valladolid, aunque en muchas biografías consta que lo hizo en Málaga, ciudad donde residió largo tiempo. Médica, feminista, librepensadora y militante del Partido Republicano Federal Español. Su padre, republicano y masón, sufrió destierro durante la monarquía de Alfonso XIII, trasladándose en 1880 a Puerto Rico, —colonia española—. Allí, la Sárraga recibió una ilustrada educación y estudió magisterio. Después del retorno de la familia a España, Belén ingresó en la Universidad de Barcelona, donde se graduó como doctora en medicina. Igualmente, frecuentaba los círculos republicano-federales y comenzaba a admirar a las feministas Olimpia de Gouges, George Sand, Louise Michel y otras que la inspiraron en su lucha por la emancipación de la mujer. Hacía giras políticas predicando sus ideales en mítines, conferencias y actos públicos y pronto fue reconocida y admirada por su tesón, la fuerza de su oratoria y

BELÉN DE SÁRRAGA
A Través de Un Continente
EL CLERICALISMO EN AMÉRICA

sus combatientes artículos en la prensa barcelonesa y madrileña. Impulsó numerosas entidades femeninas y feministas: la primera en 1896 fue la Asociación de Mujeres Librepensadoras en Barcelona, y el periódico de librepensamiento *La Conciencia Libre* en Valencia, por el que fue encarcelada. Fue una activista notable en la articulación de obreros reivindicativos y masones volcados en el librepensamiento.

Su iniciación en los misterios de la Francmasonería había tenido lugar en la Logia Severidad nº 88 de Valencia —que funcionaba desde los años 70, con el Rito Francés— perteneciente al Gran Oriente Lusitano Unido para luego ser auspiciada alrededor de los 90 por la Federación del Gran Oriente Español. Vivió años en Málaga y allí, al parecer, representaba a más de 80 asociaciones federadas en las provincias andaluzas; existe constancia de su asistencia al Congreso Internacional de Librepensadores que tuvo lugar en la ciudad suiza de Ginebra en 1902. Asimismo, asistió al Congreso Internacional del Libre Pensamiento, realizado en Argentina en 1906, organizado por científicos, escritores e intelectuales vinculados con la masonería. Se relacionará estrechamente para la construcción de las asociaciones feministas con las hermanas *Piedad y Verdad*. La hermana *Justicia* —su nombre simbólico— fue siempre fiel a su compromiso integral: con las mujeres, con la República, con la paz y con los obreros.

Conoció ampliamente a Marie Deraismes, llegaron a ser amigas, y así se integró en la Orden Masónica Mixta El Derecho Humano, la única que admitía mujeres. Belén compartió tareas y ritos con los varones de su logia, dio impulso a los trabajos masónicos, las reivindicaciones feministas y las luchas republicanas. Viajera infatigable, se paseó por toda América Latina, describiendo cada uno de esos países en su libro *El clericalismo en América, a través de un continente*, publicado en 1915 en Lisboa. En ese año formaba parte del Consejo de Gobierno de la Federación Argentina de El Derecho Humano, donde llegó a alcanzar el grado 33. Masonería, espiritismo, federalismo... Belén estuvo influenciada por todas estas corrientes, que defendían la libertad de conciencia, fuera de todo dogma religioso y la libertad de instrucción. Fue tan relevante y elocuente su influencia que se crearon varias organizaciones llamadas «Centros de Mujeres Librepensadoras Belén de Sárraga», donde se luchaba por la laicidad, la emancipación de las mujeres, contra el alcoholismo en los sectores populares y contra el machismo. Residió en México, donde obtuvo la nacionalidad mexicana en 1926. En esta ciudad fundó la Federación Anticlerical Mexicana: «*El clericalismo recorta las libertades, anula la tolerancia y frena el laicismo*». Regresó a España en 1931, al proclamarse la Segunda República, pero después de la Guerra Civil se exilió en México, donde falleció en 1951.

ANGELS LÓPEZ DE AYALA

Escritora y poetisa, nació en Sevilla en 1858. Era sobrina de Adelardo López de Ayala, que sería ministro y miembro de las Cortes. En Barcelona, en el período finisecular, pasó a ser activista republicana y la más enérgica impulsora del *Primer Movimiento Feminista,* la Sociedad Progresiva de Mujeres de Barcelona. Fue fundadora de varias publicaciones periódicas, entre ellas: *El Progreso* —subtitulado periódico republicano 1896—, *El Gladiador* —órgano de la Sociedad Progresiva 1906—, *El Libertador y El Gladiador del Librepensamiento* —1910— , y escribió varias novelas de arrebatada temática feminista.

A los quince años la ingresaron en un convento que abandonaría a los veintidós, y es muy poco después cuando es iniciada en una logia sevillana. Colaboró en diversas publicaciones periódicas de la capital andaluza como *El Fígaro, La Educación, El Hispalense y el Disparate.* Ya casada, en 1882 se traslada a Madrid. Allí sería afiliada a las logias de adopción Amantes del Progreso e Hijas de los Pobres. En 1894, en Barcelona, fue también hermana de la Logia Constancia de Gràcia. Además colaborará en otros periódicos como *El Diluvio, El Clamor Zaragozano o La Publicidad.* Participó en decenas de mítines, manifestaciones y asambleas feministas con Amalia Domingo Soler —jefa de filas de las espiritistas barcelonesas— y con la anarquista —sindicalista libertaria— y activista feminista Teresa Claramunt, ambas masonas. Todas ellas impulsarían la Sociedad Autónoma de Mujeres de Barcelona, cuyo embrión sería la Sociedad progresiva Femenina, en 1898 —de la que fue fundadora— y en cuyo centro había creado una escuela laica. Colaboraron con ellas, otros masones como Dolores Zea y el rector de la Universidad de

Barcelona Rafael Rodríguez Méndez, a partir de 1901. Dentro de la Masonería reivindicó el derecho de las mujeres a hacerse iniciar o a afiliarse en las logias masculinas: *«¡Adelante, mujeres! ¡A sustituir el fanatismo con la razón! A abrazarse al divino árbol de la emancipación de la conciencia, (...) colaboradoras del hombre en su obra de liberación universal...»*

ROSARIO DE ACUÑA

Ya en 1886, la Hermana *Hipatía* era una reconocida intelectual y republicana cuando fue iniciada en la masonería simbólica en la logia Constante Alona a los treinta y seis años. Según el experto en masonerías, Ferrer Benimelli:

> *Cuando Rosario de Acuña va a dar un ciclo de conferencias a Alicante será invitada por tres de las cinco logias que había en esa ciudad, y una de ellas, La Constante Alona, tenía una cámara de adopción con 17 masonas y van a ser éstas, a través de una escritora que firmaba con el nombre simbólico de Juana de Arco, la que va a provocar su iniciación. Una iniciación absolutamente irregular; en dos días resuelven todos los informes, que no son los correctos, la inician y al día siguiente se va. Es todo el contacto directo que va a tener con esta logia, luego, sí mantendrá correspondencia y publicará en su revista.*

Como bien relata la escritora María Teresa Álvarez en su serie para televisión *Mujeres en la Historia*:

> *Su decisión provocó un gran escándalo, porque aunque la masonería estaba permitida y amparada por la Constitución de 1876, en la que se garantizaba la libertad de expresión, reunión y asociación, los sectores más influyentes de la sociedad seguían sancionando de facto la militancia masónica. La Iglesia, a través del papa León XIII, consideraba la masonería como una sociedad secreta que pretendía destruir el orden civil establecido por el cristianismo para crear, a su manera otro nuevo basado en leyes sacadas del naturismo.*

EL CRIMEN DE LA CALLE DE FUENCARRAL

POR

ROSARIO DE ACUÑA

JOSÉ VÁZQUEZ VARELA

Administración: Olivar, 6, principal, Madrid.

Rosario de Acuña era consciente de esta realidad. Su carta aparecida en *Las Dominicales del Libre Pensamiento* en 1884 suscitó gran número de adhesiones entre las logias masónicas:

> *¡Defender la libertad de pensamiento sin contar con la mujer! ¡Regenerar la sociedad y afirmar las conquistas de los siglos sin contar con la mujer! ¡IMPOSIBLE! Yo me contentaré con combatir a los enemigos, sean los que fueren, de la ilustración de la mujer; de la dignificación de la compañera del hombre.*

En 1888 impulsa el levantamiento de columnas de la logia femenina Hijas del Progreso. Heterodoxa siempre y anti convencional, la joven aristócrata reivindicaba ya la Igualdad de derechos entre el hombre y la mujer y la vida autónoma y libre de la fémina fuera del matrimonio o la iglesia, ni esposa ni madre si esa fuese su elección. En 1876 ya había estrenado en el Teatro del Circo de Madrid su primera obra titulada *Rienzi el tribuno* y después de su ingreso en la masonería Rosario seguirá escribiendo, pronunciando conferencias e interviniendo en actos públicos organizados por la Orden. Fue en ese tiempo cuando escribió un nuevo drama: *El padre Juan*, donde manifiesta sus deseos de cambiar la sociedad, ataca sin concesiones los intocables esquemas burgueses y critica despiadadamente a la iglesia católica como institución manipuladora y moldeadora de conciencias. Ninguna compañía se atrevió a estrenar aquella obra y Rosario decidió crear la suya propia; alquiló el Teatro de la Alhambra de Madrid y ella misma dirigió a los actores. Era 1891. El éxito fue clamoroso y el escándalo también.

Sus ideales pedagógicos y educativos coincidían con los krausistas, pero también había destacado como librepensadora en multitud de artículos y ensayos. Su discurso como Oradora en la ceremonia de instalación de la Logia, próxima, por cierto a la teosofía, fue memorable. En esa misma Tenida, la Infanta María de Borbón aceptó el cargo de protectora de la Masonería de Adopción al constituirse el Gran Oriente Español. Pero la Hermana *Hipatía* —que ha sido una de nuestras feministas históricas— ya reivindicaba, en bien de la Humanidad entera, no sólo la igualdad jurídica sino algo más profundo que parte del género masculino se niega todavía hoy a aceptar: el desmoronamiento de la sociedad patriarcal. Abogó siempre por una sociedad laica y democrática. Sus restos reposan en el cementerio civil de Gijón al lado de los de otros masones.

Aurelia Mateo de Alonso fue la primera mujer iniciada en los secretos del Arte Real en la logia masculina Verdad nº 218 de La Línea (Cádiz) en el año 1888. Periodista ilustrada escribía en *Las Dominicales* y dirigía el periódico *La X*. En sus trazados de arquitectura masónica exponía su rechazo a la iglesia católica por ser esta inconsecuente con la doctrina de Jesucristo sobre fraternidad y progresión humana:

> *Esa religión que confunde a todos los hombres en uno solo sin distinción de clases, categorías ni nacionalidades, la religión bendita del Amor, de la caridad, y de la fraternidad Universal...*

Luisa Cervera Royo fue una mujer que escribió en la prensa pública siendo conocida por un interesante artículo en *Las Dominicales* titulado «A las de mi sexo» en 1885, en el que se refería ya a la insumisión femenina. Se inició en la Logia Acacia nº 25 de Valencia en 1889.

1890. Isabel de Zwonar —de nombre iniciático *Fraternidad*— participó en actividades masónicas junto a su marido; italianos ambos, fueron recibidos, primero en la Logia Concordia y más tarde en la Integridad nº 100. Políglota y profesora, tradujo al italiano de las obras del también masón y cronista de la ciudad de Barcelona Víctor Balaguer. Intentó crear una cooperativa obrera de producción dedicada exclusivamente a proporcionar trabajo a domicilio a las mujeres. También su hermana Irene Zwonar, desempeñaba el oficio de Oradora en la logia Concordia, Taller donde se trabajaba «el simbolismo democrático» y donde su marido era el Venerable Maestro.

En la logia Hijos del Trabajo en Barcelona *pulía su piedra* como miembro de honor a Julia Aymà en1894, conocida maestra que regentaba una escuela laica del mismo nombre. Y en la logia Constancia a Dolores Zea desde 1899, quien igualmente ejercía de maestra y masona en la escuela laica diurna y nocturna en los locales de la Sociedad Progresiva Femenina en Gracia.

A pesar de la prohibición que pesaba de tener mujeres en las logias masculinas, tanto López de Ayala como Zea o Irene Zwonar seguirán formando parte de las logias masculinas con un discurso feminista básicamente anticlerical. El tema de la educación y de las escuelas laicas será el caballo de batalla de todas estas mujeres que lucharán por la emancipación de la mujer en todos los campos y con todas las armas a su alcance. Consuelo Álvarez, la hermana *Costa*, republicana, fue fundamental en la promoción de una intensa campaña de mujeres anticlericales ante el avance de las propagandistas católicas y promovida desde Madrid.

HERMANAS DE LA LOGIA DE ADOPCIÓN «HIJAS DE LA UNIÓN» Nº 5 GRAN ORIENTE ESPAÑOL, 1904

1889. La Instalación de la Gran Logia Simbólica que trabajaba en el rito de Menfis y Misraïm posibilitó la igualdad en la iniciación y trabajo masónico de las mujeres. La Logia Femenina Audacia elegía como Venerable Maestra Honoraria a Rosario de Acuña. En 1892 la logia Acacia nº 170 de Alcalá la Real tenía 13 mujeres de las que 5 eran menores de 20 años. La logia El Porvenir de Linares contaba con 7 mujeres menores de 21 años a las que tomaban bajo su protección y les sufragaban los gastos de educación. 1895 Las hermanas Carvia (*Piedad y Verdad*) y Jacinta Navarro deciden crear en Cádiz la Logia Hijas de La Regeneración. Las 3 alcanzaron el Tercer Grado. Mientras se tramitaba su regularidad plantearon al Gran Oriente Ibérico la pregunta más incómoda de la manera más natural: ¿se debe pedir permiso al Gran Oriente? Ya no terminaron más sus trabajos aconsejando *«Escuchar, trabajar, obedecer y callar»* sino *«A media noche en punto»*, como el resto de los masones. Así fue como lograron constituirse como logia femenina en el Rito Escocés Antiguo y Aceptado.

Córdoba fue otro foco donde surgió con fuerza el discurso laicista y el compromiso con su desarrollo. Dolores Navas, desde la Estrella Flamígera nº 46, había promovido la institución de enseñanza «Ilustración Femenil», en línea con la Asociación para la Enseñanza de la Mujer y con otras iniciativas de la laicidad europea en las que la moral y la filosofía sustituían a la religión: *«La mujer española pude seguir a sus hermanas de otros países en el camino de la cultura intelectual, moral y social...»*

En Galicia fueron iniciadas mujeres aunque de forma excepcional. Así hay constancia de la existencia de una mujer masona de nombre simbólico *Vigo* en la logia Nueva Hiram y de Josefina Maquieira, en la logia Helenes de Pontevedra.

En las Islas Canarias hubo cierto desarrollo de la masonería mixta, o sea, de logias formadas por miembros de ambos sexos. Hermanas que con pleno derecho se iniciaban en talleres mixtos sujetos a diferentes obediencias. Si indagamos acerca de quiénes eran estas mujeres más allá de sus nombres, y analizamos sus circunstancias personales, vemos que procedían mayoritariamente de las islas. Así, cinco eran de Tenerife, una de Lanzarote, otra de Las Palmas de Gran Canaria, una había nacido en Cuba, una más declara haber nacido en Suiza, otra en Madrid, otra en Caracas (Venezuela), una más en EE.UU. y de dos se desconoce su origen. Encontramos los nombres de otras catorce mujeres que, entre 1882 y 1913, se sentaron en las columnas de diferentes talleres de Gran Canaria y Tenerife: Dolores Arado de Arias, Elisa Cambreleng de Romero, Clotilde Cerdà, Providencia Hernández Pérez, Antonia Linares, María Macías de Parés, Dolores Marrero de Mendoza, Blanca de Matthey, Guadalupe Mendizábal, Águeda Mendoza Marrero, Dolores Mendoza Marrero, Manuela Reyes de Castro, Elena Tejera de Pestano y Genoveva Vega de Padrón. Las logias en que fueron acogidas las mujeres se encontraban exclusivamente en las capitales de las dos islas centrales. *Tinerfe 114 y Teide* eran las dos únicas logias que quedaban en la capital tinerfeña entre 1879 y 1895. En 1887 ambos talleres decidieron fundirse en uno y ponerse bajo la tutela de la Gran Logia Simbólica Independiente Española, como *Tenerife nº 17*, que abatió columnas en torno a 1890. En este contexto fue recibida Clotilde Cerdà con el tercer grado honorario entre 1882 y 1884. El taller que contó con mayor participación femenina de Canarias (conocido más tarde como *Añaza nº 1* por el paso de esta logia a otra obediencia, algo común en la época) fue *Añaza* 125 —Grande Oriente Ibérico— que nace en 1895. Fueron los Hermanos de este taller quienes planearon, costearon y levantaron el maravilloso templo de la calle San Lucas en Santa Cruz de Tenerife.

A comienzos del siglo se produjo en el seno de la logia *Añaza* una fuerte discusión en torno a la conveniencia o no de la participación de las Hermanas en los trabajos del taller. Se sabe que este hecho se unió a otros conflictos internos de la logia, provocando graves tensiones y el abandono del mismo por un grupo de

Hermanos y Hermanas. Quizás sea esa la causa de que la mayor parte de estas mujeres hubieran abandonado la Orden en 1905.

El siglo XX presenciará un acontecimiento importante en el interior de la Orden Masónica: la incorporación plena de la mujer a los trabajos de la Masonería Especulativa en igualdad de condiciones con el hombre. El fenómeno no era exclusivamente nuevo al existir antecedentes importantes en la Masonería Especulativa desde el siglo XVIII, tal y como hemos visto. Y contaba con precedentes innegables de seis siglos de antigüedad: el trabajo real y simbólico de las masonas operativas.

X

El tránsito hacia la igualdad: las masonas del XX

En tanto que en la primera década del siglo la Deraismes luchaba por una masonería mixta o co-masonería en la que hombres y mujeres podían trabajar juntos en pie de igualdad real —y lo conseguía apoyada por sus hermanos de El Derecho Humano—, los masones patriarcales de la Gran Logia de Francia deciden crear de nuevo Logias de Adopción, quizás como reacción al Modernismo. Bien es cierto que éstas no se parecerán en nada a las de los siglos XVIII y XIX. Así, las logias masculinas podían, después de haber pedido la debida autorización al Consejo Federal de la Gran Logia de Francia, fundar una Logia de Adopción para mujeres como ya sabemos. Esta Logia llevará el nombre de la Logia de varones de la que hubiere surgido. Además, los trabajos en la logia femenina adoptada tendrían que ser idénticos a los de las logias masculinas y su funcionamiento, similar. Se trataba, en realidad, de un retroceso a la hora de aceptar la verdadera igualdad de las mujeres que proponía El Derecho Humano. Así, la Gran Maestra de la Logia, es decir, la presidenta, dirigía las Tenidas y establecía libremente el orden del día. Sí es cierto que se admitía en las reuniones a los masones de todas las Obediencias reconocidas por la Gran Logia de Francia, siempre que fueran maestros francmasones.

No había más que tres grados: el 1° o Aprendiz—, el 2° o Compañera y el 3° o Maestra. A pesar de este nuevo éxito de los adoptadores, el ritual femenino conseguía ser diferente al de los varones. De esta manera sería como el 29 de mayo de 1901, la logia masculina El Libre Examen, de la Gran Logia de Francia, crea en el recién estrenado siglo XX su Logia de Adopción en Francia, que se designaba con el mismo título. Se activaba así la Masonería de Adopción que parecía superada con los avances democrático-igualitarios.

Viene al caso recordar que entre los años 1890 y 1914 aproximadamente, se producen una serie de profundos cambios sociales y culturales en el ámbito occidental, lo que conocemos como la crisis de fin de siglo, cuyos rasgos más característicos serían junto a los grandes progresos técnicos y científicos un rápido crecimiento industrial (segunda revolución industrial) y el auge de la burguesía (la *belle époque*), que se convierte en la clase dirigente. Paralelamente, la clase obrera, cada vez más numerosa, se organiza para defender sus intereses y se extienden las teorías socialistas y anarquistas. Se produce igualmente la crisis del positivismo y del racionalismo: la persona duda de que la ciencia y la razón humanas basten por sí solas para explicar y conocer el mundo. Como consecuencia aparecen las corrientes irracionalistas y vitalistas que intentan explicar la vida desde una perspectiva subjetiva e individualista: Schopenhauer, Kierkegaard, Nietzsche etc. El pensamiento irracionalista llevaría poco después al existencialismo: el ser humano es un ser para la muerte, lo que le lleva inevitablemente a la angustia existencial. Esta etapa se cerrará con la Primera Guerra Mundial en 1914.

LE DROIT HUMAIN, PRIMERA ORDEN MIXTA INTERNACIONAL

Recordemos que en 1893, en el país galo, Marie Deraismes había creado la Gran Logia Simbólica Escocesa de Francia — Le Droit Humain, que se convirtió en Obediencia en 1896 para más tarde dar origen a la Orden Mixta Internacional El Derecho Humano. La nueva institución se definía ya como masonería de esencia racionalista y democrática, la más importante corriente de Masonería

Mixta desde su nacimiento hasta la actualidad. Cuando falleció Deraismes la sucedió en sus tareas en la Orden su amiga íntima Marie Martín, hasta su dimisión en 1914.

Interesa resaltar de El Derecho Humano la especificidad de lo que llaman en francés *mixité* (que podríamos traducir por *equidad*), es decir, el compromiso de todos y todas los miembros de la obediencia en todas las luchas por los derechos de las mujeres y de la infancia, más allá de que la logia fuera mixta. El Derecho Humano está en la tradición de las logias ateas, progresistas, librepensadoras, anticatólicas y positivistas del siglo pasado, para las que el bagaje ritual es una pesada superestructura en la que es mejor no hacer mucho énfasis. Tal espíritu de transgresión estuvo presente desde los primeros momentos de su fundación.

MADELEINE PELLETIER (1874-1939)

Gracias a esta inteligente mujer, de ideas transgresoras y gran luchadora francesa —todo un personaje como veremos—, muchas mujeres se apuntaron a la francmasonería. Citaremos aquí por el momento una breve semblanza de su trayectoria. Médica —fue la pionera del *planing* familiar—, psiquiatra, periodista, escritora y editora fue una activista nata, y la primera mujer —«en casa del herrero, cuchillo de palo»— internada en los hospitales de París, lo que le servirá para denunciar la situación desde dentro. Anarquista primero, socialista después y comunista al final, es a partir de 1906, cuando su combate feminista le lleva a dirigir La Solidaridad de las Mujeres, asociación que defiende el sufragio femenino. Tras la guerra, a la cual se sacrifica para ocuparse de los soldados, cualquiera que sea su campo, se convertirá en redactora de la revista *La Voz de las Mujeres*. Al mismo tiempo, reanuda sus trabajos masónicos en El Derecho Humano. En 1937, se adhiere a la agrupación fraternal de Masones Pacifistas Íntegros Mundia. Participará, sin tregua, a lo largo de su vida, en un combate por las mujeres y por la paz.

La volveremos a encontrar exhaustivamente en el capítulo 13 debido a la singularidad de su persona: su travestismo y ser una de las primeras personas que habló del concepto —hoy ya aceptado y estudiado desde la Academia— de la identidad sexual.

Louise Michel.

LOUISE MICHEL 1830-1905

La destacada política francesa fue una de las principales figuras de la Comuna de París —es conocida como la Heroína de la Comuna—, e igualmente escritora, poetisa y educadora. Fue la primera en enarbolar la bandera negra, que bajo su impulso se convertirá en el símbolo del movimiento anarquista. Michel se dedicó a la enseñanza en París. Sus ideas liberales e incluso revolucionarias la llevarían a sumarse a la oposición de Napoleón III. Practicaba una enseñanza basada en los ideales republicanos y en una pedagogía innovadora, lo que levantará suspicacias entre los padres de sus alumnos y le valdrá alguna que otra amonestación por parte de las autoridades. Insistía en el sentido de la responsabilidad y en la participación activa del alumnado, prohibía los castigos, daba clases de ciencias naturales y escribía pequeñas piezas teatrales que las alumnas representaban en clase. Louise, como poeta, publicaba bajo el seudónimo de Enjoldras, y fue miembro de la Unión de Poetas: así conoció a Víctor Hugo —una de las personalidades más famosas y respetadas de la época— con quien mantendrá una correspondencia de 1850 a 1879. Ella será su musa en el poema *Viro Major*, escrito en 1871. Fue tras la proclamación de la república cuando se unió a los comuneros. Vestida siempre de negro y luciendo una emblemática bufanda roja, combatió por la defensa de París, levantó barricadas y participó en los motines de la semana sangrienta en 1871. Apodada la *Virgen Roja,* fue detenida y llevada ante el consejo de guerra que la deportó a Nueva Caledonia condenada a diez años de destierro. Regresó a Francia en 1880 y retomó la actividad revolucionaria. En 1883, Louise Michel encabeza, junto con Emile Pouget, una manifestación de desempleados que culmina con el saqueo de tres panaderías y con enfrentamientos con la policía. A las pocas semanas, Louise se entrega a las autoridades y es condenada a seis años de prisión y diez de libertad vigilada. En la cárcel de Saint-Lazare sale en defensa de las prostitutas encarceladas, y denuncia su condición de víctimas explotadas por la sociedad. Será amnistiada por el presidente de la República, Jules Grévy, en 1886. Además, creó la Liga Internacional de Mujeres Revolucionarias contra la Guerra y publicó varios libros con éxito notorio: entre ellos *Miseria y Memorias de La Comuna.* En la logia La Filosofía Social de la Gran Logia Simbólica Escocesa n° 2 Conservada y Mixta, se iniciaría Michel el 13 de septiembre de 1904. Tenía 74 años. Existe una carta donde Madeleine Pelletier reivindica el honor de haber traído a Louise Michel a la francmasonería. En su primer discurso al iniciarse da prueba de uno de sus grandes entusiasmos:

> *Ya hace mucho tiempo que habría sido uno de vosotros si hubiera conocido la existencia de logias mixtas, pero creía que para entrar en un medio masónico era necesario ser hombre.*

Apenas tuvo tiempo de frecuentar las logias, puesto que durante un ciclo de conferencias en Marsella *pasa al Oriente eterno* en 1905. Sus exequias fueron seguidas por cien mil personas.

Todavía hoy es considerada una figura emblemática en Francia y en el anarquismo internacional.

NELLY ROUSSEL, (1878-1922)

Esta mujer, librepensadora, anarquista y feminista fue la compañera del escultor Henri Godet, también librepensador y francmasón. Ella seguirá el camino de Deraismes, Pelletier y Michel frecuentando La Gran Logia Simbólica Escocesa. Junto a Paul Robin se dedica a difundir las ideas neo maltusianas, contra la ideología natalista del poder y la ley de 1920 que prohíbe los anticonceptivos y su propaganda. Con gran talento para la oratoria, impartió conferencias, a través de Francia, incitando a la maternidad consciente, y criticando el machismo de los hombres. Afirmaba que la independencia para las mujeres se conseguiría con nuevas relaciones entre los sexos. Y luchaba para cambiar la imagen tradicional de las mujeres. Es así como la acción, la vida y el pensamiento de Nelly Roussel se sublevan naturalmente contra este modelo, desarrollando otro, el de la «nueva mujer», bien representado en los Estados Unidos, *«una mujer deportiva, activa, mujer implicada en una profesión gratificante»*. Roussel se oponía al «eterno femenino» al que llamó «la eterna sacrificada» —es el título de uno de sus libros—. Las mujeres, escribe, *«en efecto se sacrifican no sólo por Dios y por la naturaleza sino por la propia sociedad republicana»*. Otra de sus obras fue *Palabras de combate y esperanza* (1919).

ANNIE BESANT (LONDRES, 1847-1933)

La Orden El Derecho Humano extendió rápidamente su acción en el mundo y en 1902 levantó sus columnas la primera Logia del Derecho Humano en Gran Bretaña. A ella se apuntó Annie Besant, otra célebre feminista y médica inglesa, miembro fundador y destacada secretaria general de la Sociedad Fabiana, institución que fue la antecesora del actual Partido Laborista de Inglaterra.

Era miembro de la sociedad de librepensamiento en 1866 y fue procesada en Inglaterra por escribir un folleto sobre el control de la natalidad, ya divorciada de un pastor anglicano. En 1902 se inició en la logia *Human Duty nº 6* en Londres, taller que ella misma fundó, siendo elegida vicepresidenta y representante de la Federación Británica de El Derecho Humano en 1911. Posteriormente, demostrando una pluriactividad peculiar, fue fundadora de la Orden del Templo de la Rosacruz en 1912 y destacada miembro de la Sociedad Teosófica de la Blavatsky, de la cual llegó a ser su segunda Presidenta Internacional de 1907 1933. Annie Besant se expresaba así:

> *Si bien es verdad que fueron los ingleses quienes llevaron la masonería a Francia, son los franceses quienes la traen nuevamente a Inglaterra hoy, regenerada, habiéndola completado y fortificado por medio de la admisión de la mujer en la Logia al lado del hombre.*

En su constante búsqueda espiritual y religiosa, descubrió a Krisnamurti en 1909 en la India, antes de su entrada en la política india datada en 1913 con la fundación del semanario titulado *El bien público*. Encarcelada por los británicos en dos ocasiones por su activismo independentista en la colonia, en 1920 tuvo divergencias con Gandhi sobre la manera de organizar la acción directa. Promovió allá y en ese tiempo la masonería femenina, y sería redactora del proyecto de autonomía para la colonia. En 1915, es elegida presidente del Partido del Congreso en Kolkata. A largo de su vida, estudia igualmente las enseñanzas del islam y notablemente el comportamiento y la vida de Mahoma. La Besant impulsó su rama inglesa con el nombre de Co-Masonería pero en realidad se trataba de una nueva Orden que actuó con cierta independencia en las islas Británicas. Naturalmente se trataba de una masonería tan «irregular» como mixta. Sin embargo los teóricos de la teosofía se preocuparon por crearle una «regularidad iniciática» enlazando la Co-masonería con las Logias Simbólicas Escocesas de Francia. Asimismo, la primera logia sólo para mujeres que se abrió en Gran Bretaña en 1908, la *Order of Women Freemasons* —surgida del Derecho Humano—, la tuvo asimismo entre sus miembros.

Annie Besant.

ALEXANDRA DAVID-NÉEL (1868-1969), LA CAMINANTE ESPIRITUAL

Mujer de grandes caminos, recorrió gran parte de Oriente profesando primero el Islam y luego el budismo; buscando nuevas vías fue la primera mujer de Occidente en llegar a Lhasa, la tierra prohibida de los tibetanos. Nació en París y antes de los veinte años ya contaba en su currículo con un libro de ideología anarquista prologado por Eliseo Reclús, un viaje en bicicleta a España, Italia y Suiza y estudios en la Sociedad Teosófica con Madame Blavatsky. A los veinticinco ya había viajado a la India y a Túnez. En este país estudió el Corán y vivió como una musulmana, realizando todas las *ibadas* (prácticas del Islam). Fue estudiante de sánscrito en la Sorbona. Se hizo masona como su padre, quien fue amigo del autor de *Los Miserables*, y fue una gran conferenciante, lo que le sirvió para que se la reconociera en círculos universitarios en 1911. En la India, conoce a un joven tibetano de catorce años que se convertirá en su hijo adoptivo y con el que recorrerá el Himalaya, Japón, Corea y China. Dos años vivirá en el monasterio de Kum Dum (China), siendo admitida incluso en las ceremonias secretas, algo impensable para una mujer y menos aún si ésta era occidental.

En su biografía oficial se puede leer en efecto: «*En paralelo, frecuenta a distintas sociedades secretas y alcanzará el trigésimo grado en el rito escocés mixto de la Francmasonería*». Es probable que se iniciara en la Francmasonería hacia 1890-1900 después de su llegada a París, ya que frecuentaba asiduamente en este periodo la Sociedad Teosófica de *Madame* Blavatsky. La doble pertenencia a ésta y a la francmasonería era corriente. Si se inició en una logia que pertenecía a la Federación Francesa de El Derecho Humano (lo que parece lo más probable) o en una logia mixta de Gran Logia Simbólica Escocesa 2 (como Madeleine Pelletier o Louise Michel), no se sabe a ciencia cierta.

Los americanos la bautizaron como «la mujer sobre el techo del mundo». La cubren de distinciones honoríficas. Le piden artículos, libros, conferencias. Y en todas partes triunfa. Alexandra escribe libros que son éxitos absolutos en la época: *Viajes, Místicos y magos del Tíbet, Iniciaciones lamas, El Lama de las cinco sabidurías,* etc. Cuando la muerte empezaba a aletear, engalanada de fama y

MADAME ALEXANDRA DAVID-NEEL

en pèlerine mendiante, portant sur le dos tous ses bagages : une marmite et un soufflet thibétain fait d'une peau de chèvre.

reconocimientos, contaba la edad de ciento un años, y llena de un increíble optimismo se presentó en la oficina municipal a renovar su pasaporte porque, según dijo, *«nunca se sabe»*.

LAS *ADELANTADAS* DE LA PRIMERA REPÚBLICA PORTUGUESA 1910-1926

En 1904 se habían creado las primeras logias de adopción en el otro país ibérico. En una de ellas figuraba como miembro Adelaide Cabete —pionera masona—, quien con otras hermanas conseguiría el 8 de abril de 1907 que las logias femeninas Humanidade y 8 de Dezembro obtuvieran su estatuto de independencia. De esta forma, las logias independientes femeninas portuguesas tienen el honor de adelantarse casi cuatro décadas a las de esta modalidad, pues solo tras finalizar la Segunda Guerra Mundial se produciría este hecho a nivel internacional. Las logias femeninas independientes desplegarían, tanto dentro de la Masonería lusa como en el mundo profano, una gran actividad. El contexto pre-republicano portugués fue donde se desarrolló un representativo y culto movimiento de mujeres con la «triple militancia» masonería-republicanismo-feminismo. Bien es cierto que existía ya un núcleo de mujeres activistas que gozaban de prestigio, tenían un discurso autónomo y eran reconocidas por su valor intelectual. Muchas de ellas estaban emparentadas con republicanos, como Ana de Castro, Adelaide Cabete o Carolina Beatriz Ângelo. Ellas iban a ser protagonistas de excepción de uno de los períodos más interesantes y trágicos de la historia portuguesa contemporánea.

Uno de los objetivos fundamentales para la modernización de la nueva sociedad portuguesa iba a ser el de la laicización de la vida civil, fin que apoyaban algunos monárquicos progresistas y especialmente los movimientos republicano, socialista y anarquista, pero cuyos acérrimos promotores serían los círculos del librepensamiento y la masonería.

El interés de los republicanos por involucrar en su favor a las dirigentes feministas que reivindicaban, entre otras cuestiones, su emancipación de la tutela de las logias masculinas y su igualdad de derechos dentro de la organización, hará que poco a poco los intereses de las mujeres fueran ganando terreno hasta hacerse realidad. Así las cosas, no era casual que la constitución masónica portuguesa de 1907 fuera una de las más progresistas de todas las precedentes y una de las más innovadoras, como no era casual que fuera redactada por intelectuales damas feministas y masonas, como Ana de Castro (amiga de la escritora y periodista española Carmen de Burgos, a quien iniciaría en los misterios de la Orden, como más adelante veremos). En este sentido, es positivo señalar, por poco conocida, la estrecha y fructífera relación que existió entre destacadas pensadoras de los dos países ibéricos para las que la frontera no existía en cuanto al intercambio de ideas y el común objetivo: la dignificación de la vida y derechos civiles de todas las mujeres.

Durante el breve paréntesis del republicanismo democrático, las masonas lusas trabajarían siempre en proyectos de mujeres, lo que hoy denominaríamos 'con perspectiva de género'. En 1914 fundarían el *Conselho Nacional das Mulheres Portuguesas,* de orientación feminista y políticamente independiente. Dicho Consejo será la organización más longeva de las de su clase (1914-1947). Su presidenta-fundadora fue la doctora Adelaide Cabete, Venerable Maestra de la logia Humanidade, junto con la abogada Aurora de Castro Gouveia; las profesoras Angélica Porto, Albertina Gamboa, Dominga Amaral, así como otras feministas y masonas: Deolinda Lopes, Vieira Quartin, Fabia Ôchoa, Victoria Ribeiro, Victoria Pais, Mariana Silva, María José Ramos, Irene Duarte, Caetana de Almeida, Carolina B. Ângelo y Sara Schultz, entre otras.

CAROLINA BEATRIZ ÂNGELO (1877-1911)

Fue la primera mujer en practicar la cirugía en Portugal, en el hospital de San José, habiéndose graduado en Medicina en 1902, aunque posteriormente se dedicaría a la especialidad de ginecología. La historia la reconoce igualmente como pionera en otro importante asunto: fue la primera mujer portuguesa que pudo votar. Su activismo cívico comenzó en 1907, junto al de otros médicos, para unirse paralelamente a los movimientos de mujeres por la paz y la implementación de la República.

Se inició en Masonería en 1907, en la Logia Humanidade, de la que llegó a ser la Venerable Maestra, y al mismo tiempo participó en la fundación del grupo portugués de estudios feministas (1907-1908); fue socia fundadora, con Ana de Castro Osorio, de la Liga Republicana de Mujeres —LRMP— (1909), asociación creada poniendo especial énfasis en la consecución del derecho al voto para las féminas. Así asistió a la inauguración solemne de la Asamblea Nacional Constituyente, donde se emprendieron los pasos para que la Constitución reconociera el sufragio femenino. Y el 28 de mayo de 1911, en las elecciones a la Asamblea Constituyente, Carolina Beatriz Ângelo conseguiría convertirse, con tesón y alguna argucia legal, en la primera mujer portuguesa en ejercer el derecho al voto.

ADELAIDE DE JESUS DAMAS BRAZÃO Y CABETE (1867-1935)

Fue una mujer extraordinaria. De origen muy humilde se matriculó en la Escola Médico-Quirúrgica de Lisboa con 29 años, licenciándose a los 33 tras defender su tesis *«A protección as mulleres grávidas pobres...»*. Toda su vida está marcada por el coraje y la lucha en favor de las mujeres. Masona, republicana y feminista, intervino y fue representante oficial del gobierno republicano en diversos congresos internacionales.

Se inició en la masonería en 1907, también en la respetable logia Humanidade —era exclusivamente femenina— con el nombre simbólico de Louise Michel, un taller bajo los auspicios del Gran Oriente Unido Lusitano. En 1923, esta Obediencia quita la igualdad del tratamiento a la logia de mujeres para convertirla en logia de adopción, es decir, otra vez un retroceso en el avance hacia la igualdad de las masonas que volverían a trabajar sin los derechos completos de los que disfrutaban los talleres masculinos. Tal es así que la doctora Cabete, después de este acto establece la ruptura con el GOLU y solicita la entrada de su logia en la Orden Masónica Mixta internacional *Le Droit Humain*.

En adelante, será Adelaide Cabete, la Venerable Maestra, junto a otros hermanos y hermanas, quien luchará siempre con tenacidad y dificultades pero conseguirá el objetivo: crear la Jurisdicción autónoma Portuguesa de la Orden El Derecho Humano. Para ello, siguió creando más logias en Lisboa y otras ciudades, así como por lo menos dos *Triángulos Masónicos*, en Beja y Portalegre. Presidiría la Federación portuguesa de la Orden Mixta hasta 1935. Es histórico para la república lusa su discurso de octubre de 1920:

> *Al alba del 4 de octubre del año 1910, fui despertada por el estruendo de los cañones y de la artillería. Era algo sabido que la revolución republicana iba a causar para siempre la caída de un trono arruinado, lleno de vergonzosas tradiciones y que los reyes de la dinastía de Braganza no habían sabido honrar.*
>
> *Alegría indescriptible. Con qué entusiasmo, una noche redentora de agosto de este año, y bajo el secreto masónico, a mi amiga y recordada colega la Dra. Carolina Beatriz Ângelo y a mí, nos encargó el Gran Maestre adjunto de la Masonería portuguesa de la época, el Dr. José Castro, preparar 20 banderas verdes y rojas en menos de 48 horas. Con objeto de garantizar el secreto y evitar cualquier falta a nuestro compromiso, propusimos confeccionar nosotras mismas las banderas. Y así se hizo. El día siguiente se recibía el tejido y la misma noche la tarea estaba cumplida. 24 horas más tarde, los revolucionarios tenían entre las manos el símbolo sagrado de la Revolución. La revuelta debía estallar en 48 horas.*
>
> *¡Y qué placer para el espíritu el sentir entre las manos y tener tan próxima la querida bandera, el estandarte glorioso que debía conducir a la victoria a las tropas republicanas! ¡Con qué emoción recuerdo estas horas de trabajo febril y realmente agotador!*
>
> *En nuestro devoto peregrinaje al Museo de la Revolución, vimos algunas banderas, entre otras reliquias. Algunos meses más tarde fuimos a visitarlo de nuevo, pero estaba cerrado. Tras la entrega de las banderas fueron pasando los días. Fue el tercer día cuando entrevimos una pequeña noticia aislada en el gran bastión de la República, el periódico «Le Monde», todavía dirigido entonces por el valiente y recordado França Borges. La noticia hablaba de la Hidra, de las tropas de prevención, etc...El movimiento no se había puesto en marcha sin importar las circunstancias. No habíamos desesperado. Los días pasaron.*
>
> *Sin embargo, el 4 y el 5 de octubre llegaron. No fue una sorpresa.*
>
> *¡Qué emociones! ¡Cuánta alegría! ¡Y después las manifestaciones de júbilo! La parte baja de la ciudad estaba llena de gentes que*

habían descendido de sus barrios. Había aplausos, abrazos, aclamaciones, gritos, todo lo que podía exteriorizarse en esa efusión de alegría que expresaba el sentimiento íntimo de cada uno. Horas ya lejanas que espero no vivir de nuevo. ¡Qué bueno es recordar el pasado! ¡Qué fe! ¡Qué esperanza! ¡Qué futuro más agradable se perfilaba!

Era la República. Era la realización del ideal de tantos años de lucha, de sacrificios y esfuerzos sin precedentes, de conspiraciones peligrosas, así como de grandes contrariedades y fallos. ¡De esto hace ya diez años! ¡Viva la República!

ANA DE CASTRO OSORIO (1872-1935)

Es considerada la creadora de la literatura infantil en Portugal con su serie de cuentos infantiles. Su formación de pedagoga la llevaría a ser una escritora especializada y preocupada por la juventud. Otras facetas de su idiosincrasia serían el feminismo y su activismo a favor de la república. La Osorio fue otra de las pioneras en Portugal en la lucha por la igualdad de derechos entre hombre y mujer. Escribió en 1905 *Mujeres Portuguesas*, el primer manifiesto feminista portugués, lo que la convirtió en una de las fundadoras del Grupo Portugués de Estudios Feministas, en 1907, de la LRMP en 1909, de la Asociación de Propaganda Feminista en 1912, y de la Comisión Femenina 'Por la Patria', en 1916 —a partir de la cual se formó, el mismo año, la Cruzada de las Mujeres Portuguesas—. Se aproximó al Partido Republicano, colaborando con el ministro de la Justicia, Afonso Costa, en la elaboración de la Ley del Divorcio (tras la instauración de la República).

Viajaba al Brasil con frecuencia, donde consta su relación con otra intelectual y masona brasileña, María Lacerda y Moura, de la que hablaremos más adelante. Esta era otra de las características de estas ilustradas mujeres de la Península Ibérica: la interrelación de unas y otras a ambos lados del Atlántico en tiempos que no se caracterizaban precisamente por la facilidad de las comunicaciones. Se conserva una carta fechada en 1912 que otra masona e intelectual portuguesa, María Veleda, le escribe a Ana de Castro para informarla, entre otras cuestiones, de la marcha de la logia femenina que comparten:

La Logia está cada vez más desorganizada... (...) pero las disidentes, en número de 7, van a fundar otra logia a la que darán el nombre de Beatriz [en honor a la fallecida B. Ângelo]. Cuando venga hablaremos.

MARÍA VELEDA (1871-1955)

María Veleda es el seudónimo de María Carolina Federico Crispín, quien fue otra educadora, escritora, feminista, republicana, librepensadora y espiritualista lusa. Comenzó a escribir artículos a los 19 años, en el periódico «Distrito de Faro». Como pedagoga, ejerció la docencia en diferentes ciudades, siguiendo el método del pedagogo y masón español Francisco Ferrer i Guardia (1859-1909) que defendía la educación laica, el pensamiento crítico, la creatividad, y el estudio y práctica de los valores éticos y cívicos. Establecida ya en la capital desde 1905, sería en Lisboa donde comenzara a interesarse por los problemas feministas y pedagógicos, exponiendo sus ideas en diferentes periódicos. De la misma forma que sus hermanas de logia, defendió los principios republicanos con sus ideales de libertad, igualdad y democracia, realizando charlas y conferencias por todo el país.

De espíritu fuerte y decidido, fue pionera en la lucha por la educación de los niños, y participó activamente en la vindicación de los derechos legales, cívicos y políticos de las mujeres. Publicó una colección de cuentos infantiles *Chor de Rosa,* el libro *Emancipación Femenina,* y también las obras de teatro *Esclava* y *Redención.*

Como otras dirigentes feministas de su tiempo, Veleda fue iniciada en la Masonería, en la Logia Humanidade del Derecho Humano, en 1907, y como hermana reconocida, integró la comisión organizadora del Primer Congreso de Libre Pensamiento que se realizó en Buenos Aires en 1906, organizado por científicos, escritores e intelectuales vinculados con la masonería. Su lucha contra la monarquía y el clericalismo —consideraba a los padres de la iglesia como los mayores enemigos de la República, de la ciencia y del progreso humano— le valió una condena por abuso de libertad de prensa en 1909, por las violentas críticas que publicaba. Defensora acérrima de sus opiniones, sufrió hostiga-

Maria Veleda

miento y amenazas de muerte de parte de sectores católicos conservadores y monárquicos.

María Veleda también fue una de las principales dirigentes de la Liga Republicana de Mujeres Portuguesas e igualmente organizó junto a Ana de Castro y la doctora Cabete, la «Obra Maternal», para acoger y educar a los niños abandonados; creó escuelas infantiles, maternidades y todo lo que era propio para proteger y educar a la infancia y a las madres desprotegidas. En 1915 Portugal entra en guerra y Veleda le escribe en una carta a su hermana Ana de Castro, residente entonces en Brasil, informándola de su dimisión en la LRMP, de su periódico *A Madrugada* y de su nueva organización feminista: *«¿Sabe que he organizado una nueva asociación de propaganda feminista con el título de democrática...».* Sería la Asociación Femenina de Propaganda Democrática. Años más tarde, atraída por los caminos del esoterismo y la espiritualidad, se adhirió al espiritismo filosófico, científico y experimental. Fundó el grupo «Espírita Luz y Amor» y participó en 1925 en la creación de la Federación Espírita Portuguesa. Fundó las revistas *Wing, El futuro y Espíritu de Vanguardia*; colaboró en la prensa de todo el país, publicando artículos de reflexión y memorialistas.

Hechos decisivos en la Masonería Femenina Lusa

— 1904. Entran las mujeres en el GOLU.
— 1907. Reconocimiento de la igualdad de derechos de las mujeres dentro del GOLU.
  Inicio de la Dictadura de João Franco. Arranque del movimiento republicano que condujo al 5 de octubre.
— 1914. Las mujeres son obligadas a aceptar el estatuto de adoptadas, su rechazo y separación. Escisión del GOLU.
— 1919. Insistencia al regreso de las mujeres
— 1920. Regreso de las mujeres.
— 1923. Nueva separación de la logia Humanidad. Aprobación de los Estatutos de la Asociación Masónica Internacional.

El trabajo comprometido tanto en el terreno intelectual como en la dimensión política de estas masonas en el mundo profano se tradujo en la realización de una serie de eventos nacionales e internacionales, entre ellos la creación de las *Ligas de Bondad* o *La Liga Pro-Moral* o su participación en congresos internacionales tales como: el Primer Congreso Feminista de París;

el Congreso Feminista de Roma, celebrado en 1923 (Adelaide Cabete asistió como representante del feminismo luso); el I Congreso Feminista y de Educación, celebrado en Lisboa en 1924; el Congreso Feminista de Washington, celebrado en 1926, en el que de nuevo es la hermana Cabete la representante portuguesa. En este mismo año —ya implantada la dictadura militar— se celebrará el Primer Congreso Abolicionista Portugués, organizado por la logia Humanidade (los segundos congresos Feminista y Abolicionista, en un ambiente más hostil, se celebrarán en 1928 y 1929, respectivamente).

Como se ha apuntado, serían los elementos más progresistas de la masonería o del mundo profano ajeno a ella, los que apoyarán la postura de las mujeres en función a la defensa de su derecho a la igualdad. Entre estos, Afonso Costa y Magalhães Lima —Gran Maestre del Gran Oriente Lusitano Unido (GOLU) y la figura más sobresaliente—, en cuyos documentos se puede constatar su decepción «*por la voluntad torcida por los hermanos más reaccionarios en el conflicto con las mujeres*». Todo este apoyo no sería suficiente para sus aguerridas y modernas hermanas portuguesas, ya que el rechazo internacional por esta incursión femenina en pie de igualdad y las convenciones de la carcundia masculina fueron más fuertes que el espíritu progresista que emanaba de su filosofía.

Así fue que las masonas fueron despojadas de su estatus de independencia y solo fueron aceptadas en calidad de adoptadas en 1920. Eran tiempos difíciles. Los pronunciamientos y el *reaccionarismo* hacían peligrar el sistema parlamentario. Ni los republicanos ni los masones cumplirían sus promesas: las mujeres no consiguieron su ansiado derecho al sufragio, ni los masones fueron fieles a su tríptico lema: Igualdad-Libertad-Fraternidad. Paralelamente, la Orden Masónica Mixta Internacional El Derecho Humano afirmaba ya la igualdad esencial de los dos seres humanos: el hombre y la mujer. Esta nueva fórmula mixta, y explícitamente internacional, facilitará a las masonas portuguesas su adscripción a ella tras el conflicto iniciado en 1913 en el seno del GOLU: en 1923, la logia femenina Humanidade pasaría a depender de la Federación Francesa del Derecho Humano. En 1926 un golpe de Estado dio paso a una dictadura, que se mantuvo en el poder hasta 1974. No sería hasta entonces cuando, por fin, se lograría el sueño de todas estas masonas modernas, mujeres auténticamente adelantadas a su época y a la sociedad que les tocó vivir: el sufragio universal en Portugal. Las mujeres podrían ejercer su derecho democrático al voto.

LAS *PROGRESISTAS* DE ESPAÑA

Es necesario resaltar que la idea de 'progreso' en la masonería es entendida en el sentido de que la humanidad no retrocede jamás, en sintonía con el pensamiento de Voltaire, incluso obsesionado con el progreso de la humanidad, convencido de que hubo cuatro épocas de luz para el género humano: el siglo de Pericles, el siglo de César y Augusto, el Renacimiento de Europa y el siglo de Luis XIV. Es en esta línea en la que, en su conjunto, se puede afirmar que las masonas españolas estuvieron ligadas a los sectores más liberales de la masonería, lo cual es lógico, ya que la otra rama no las aceptaba, y por otra parte, en la sociedad española el rechazo social hacia las heterodoxas se hacía patente. Esta tendencia subsistió en los primeros años del siglo XX y durante la República Española.

A comienzos de siglo, en las Islas Canarias encontramos masonas en dos talleres muy diferentes. La logia *Prince of Wales* nace en 1900 en el Puerto de la Luz como *taller salvaje* de clara influencia británica, si bien al año siguiente se acoge al Grande Oriente Ibérico como *Príncipe de Gales nº 1,* hasta *abatir columnas* definitivamente en 1902. En este taller pidió trabajo la masona Antonia Linares, natural de Lanzarote, y parte de sus miembros contribuirá más tarde a levantar las columnas de la logia *Afortunada nº 5* en Gran Canaria, donde trabajarían entre 1904 y 1905 cuatro hermanas: Dolores Marrero de Mendoza, Blanca de Matthey y Águeda y Dolores Mendoza Marrero. Una de ellas, Blanca de Matthey, pasará a formar parte de la logia *Atlántida 285* (una escisión de *Afortunada nº 5*), hasta 1905. El período de más iniciaciones femeninas es el que va de 1903 a 1905 debido a la notable presencia de masonas en las logias *Añaza* de Santa Cruz de Tenerife y *Afortunada nº 5* de Las Palmas. En cuanto a los grados alcanzados por estas Hermanas, podemos decir que tres fueron exaltadas al grado de Maestras de pleno derecho; dos más fueron maestras honorarias y una, María

Macías de Parés alcanzó el grado 30 en 1903.

Como era normal entre las mujeres de la época, la mayoría reconocen como profesión el cuidado de su hogar, con la excepción de la concertista Clotilde Cerdà y de la actriz madrileña Guadalupe Mendizábal. Es difícil saber, por tanto, el extracto social al que pertenecían. Ahora bien, si tenemos en cuenta que muchas de ellas eran esposas de otros masones presentes en los mismos talleres, y que entre éstos predominan los representantes de la burguesía media urbana de las islas centrales, es de suponer que estamos ante mujeres con una cierta instrucción y posición social, burguesas acomodadas cuyas inquietudes intelectuales las llevaron hasta las puertas del Arte Real. En este sentido es curioso observar que los nombres simbólicos que adoptan son siempre femeninos: el aborigen Dácila, el bíblico Esther, históricos como Juana de Arco, Numa Droz, el mitológico Electra, geográficos como Nivaria y Colombia y el masónico-simbólico Adopción.

En 1919 nace la Jurisdicción Española de la Masonería Mixta Derecho Humano, a la que las mujeres se apuntaron en masa ante la acusación de que *las adoptadas* no eran verdaderas maestras. Desde la orden creada en Francia y ante la posibilidad de implantar un taller en España, en 1923, se reconocía que probablemente el Gran Oriente de España tenía muchas logias de adopción pero que las hermanas de esas logias no eran masonas al haber recibido solo la semi-iniciación. Entonces, algunas hermanas españolas se habían afiliado al Gran Oriente Lusitano, que sí daba la iniciación completa como a los hombres, y probablemente estarían encantadas de afiliarse al Derecho Humano, pues ahí sí serían «verdaderos masones». El establecimiento de la Orden Mixta en España comienza en 1921 con la creación de un triángulo en Madrid con el nombre de San Albano, y en 1928, Derecho Humano contaba ya con cinco logias (en Madrid, Almería, Barcelona, Málaga y Sevilla) y un *triángulo* en Bilbao. Tras el franquismo, reanudaría sus trabajos en 1978.

Es preciso recordar que alrededor de los primeros años del siglo, los estatutos de la Asociación Masónica Internacional indicaban que *«Las Ordenes Masónicas adherentes deben estar formadas por hombres exclusivamente»*. En contra, por ejemplo, se mostraba el Soberano Capítulo Lucentino de Caballeros Rosacruces —trabajaba bajo los auspicios del Grande Oriente Español—. En 1921 propuso la reforma de estatutos:

Siendo la mujer un factor importantísimo en todos los órdenes de la vida de los pueblos… han sido, son y serán las sacerdotisas de la educación moral y cívica de todas las generaciones… y su actuación está limitada en nuestros trabajos masónicos... así que se pueda reformar para que las hermanas masonas puedan asistir y trabajar en las Cámaras Simbólicas…

Volviendo a las Islas Afortunadas, en 1922, la Logia *Añaza* sería —junto a *Abora* (Santa Cruz de La Palma), *Andamana* y Acacia (Las Palmas de Gran Canaria)— una de las logias creadoras de la Gran Logia de Canarias (1922-1936). Mientras esta logia dependió de obediencias con alcance nacional acogió a ocho Hermanas, entre ellas la masona que más tiempo estuvo en activo en todo el archipiélago: Dolores Arado de Arias, quien se mantuvo como aprendiz desde 1904 a 1913, año en que pidió su *plancha de quite.* Con ella estuvieron las hermanas Elisa Cambreleng de Romero, Providencia Hernández Pérez, María Macías de Parés, Guadalupe Mendizábal, Manuela Reyes de Castro, Elena Tejera de Pestano y Genoveva Vega de Padrón.

En 1923, en Barcelona, existe constatación de que la Logia Lealtad n° 6 exaltó al *«Grado 3 del Rito de Adopción y sin derechos a la hermana Stella Margarita»,* Margarita Iglesias, pero que otros autores opinan que se trataba de Margarita Nelken. En Tarragona habrá que esperar hasta el año 1933 para que sea instalado el Triángulo de Adopción Luz.

Durante la Dictadura de Primo de Rivera (1923-1930) desaparecieron todas las Logias de Adopción y durante la Segunda República empezaron a establecerse de nuevo en Barcelona y en Madrid, sin darles tiempo a extenderse por toda España. En 1925 la Gran Logia Española aprobaba una proposición de la Logia Renovación nº 20 de Palma de Mallorca para iniciar una campaña en pro de la concesión del derecho de voto a todas las mujeres, y tres años más tarde este taller difundió una petición sobre la conveniencia de admitir en todos los templos a las mujeres *«con los mismos derechos y deberes para establecer el equilibrio del Progreso humano...».*

1931. El Gran Oriente Español, pese a la proclamación de la República, mantiene las mismas ideas con respecto a mantener la Masonería de Adopción. La Gran Logia Española fue un poco más allá y en diciembre funda la Logia Amor nº 1 —adoptada por la Mantua nº 31—, donde su Venerable Maestra, *Colombine* —el alias periodístico de Carmen de Burgos y también su simbólico— presentó una *Plancha de arquitectura* sobre la necesidad de que fueran las mujeres admitidas en Masonería en condiciones de Igualdad. Otra de nuestras feministas históricas exigía desde dentro de la logia a sus Hermanos el compromiso profundo y real de la Igualdad. La Obediencia estuvo dispuesta a dirigirse a la Asociación Masónica Internacional apoyando la pretensión de la periodista y las masonas españolas por considerarla *«justa, razonable, atendible y necesaria; pidiendo la independencia de la sección española para crear logias femeninas independientes con iguales derechos que las masculinas existentes»*.

Clara Campoamor, Hildegart Rodríguez (*Iris-Egle*), Consuelo Berges y María P. Salmerón pertenecieron también a la logia madrileña reivindicando la independencia y autonomía de la mujer tanto en el mundo profano como en el masónico. Se trataba pues de mujeres y masonas «modernas» por su formación cultural, su vocación profesional y su conciencia política liberal y feminista.

CARMEN DE BURGOS, *COLOMBINE* (1867-1932)

Se la considera la primera periodista profesional de España y en lengua española por su condición de redactora de los madrileños *Diario Universal* y *El Heraldo*. Desde sus páginas, difundió su discurso femenino y feminista (aunque este último término no le agradaba): *«La mujer moderna, dulce y fuerte, que ama y piensa, con perfecta conciencia de sus derechos y deberes. Una mujer tierna y amante del hogar, algo coqueta para agradar y jamás masculinizada...»*.

Los ciclos de conferencias krausistas —que como ya citamos fueron el germen de la Asociación para la Enseñanza de la Mujer— y su correspondencia con la Institución Libre de Enseñanza influyeron sobremanera en la formación socio-cultural de la librepensadora Carmen, que encontró su espacio natural entre los hermanos de la orden del Arte Real. Por lo que respecta a su adscripción, no se sabe a ciencia cierta dónde ni cuándo fue iniciada en los misterios masónicos. Infatigable viajera, visitó varios países europeos (la guerra de 1914 la sorprendió fuera de España) y parte

LOS ESPIRITUADOS
CARMEN DE BURGOS
(COLOMBINE)
2.ª EDICION
LIBRERIA Y EDITORIAL RIVADENEYRA

de Hispanoamérica. Es posible que en alguno de ellos, donde la masonería estaba relativamente implantada, pudiera haber iniciado contactos e, incluso, iniciarse —como afirma Francisco Esteva, Gran Maestro de la Gran Logia Española— durante una de sus estancias en Argentina. Pero la primera noticia constatada de su adscripción la encontró la profesora Rosa María Ballesteros García cuando realizaba unos trabajos de investigación en Lisboa. El profesor Marques da Costa, en su libro *A Maçonaria Feminina* reproduce un documento masónico, una carta de la masona portuguesa Adelaide Cabete, en calidad de Venerable Maestra, en respuesta a su homónima del Derecho Humano francés en la cual informaba, entre otras cuestiones:

> *... Respecto a la señora Burgos, le diré que existen dos Logias femeninas en el Gran Oriente Lusitano Unido, la Logia Humanidad y la Logia Carolina B. Ângelo y por lo tanto no puedo enviarle el nombre de dicha señora, como usted me pide, pues no forma parte de mi Logia, sino de la Logia Carolina Ângelo...*

Siempre según la profesora Ballesteros, la Venerable Maestra de la logia en la que presuntamente fue iniciada era su amiga portuguesa la escritora Ana de Castro Osorio, con quien siempre mantuvo estrechos lazos. Entre ambas mujeres Carmen se dirige siempre a Ana con el apelativo de hermana que, como ya sabemos, es tratamiento habitual entre masones. Por otro lado, los lazos no solo fueron afectivos pues, tratándose de dos intelectuales, hubo intercambio y colaboración mutuos. Carmen, por ejemplo, colaboró con sus artículos en la revista *A semeadora* que dirigía la portuguesa, órgano de expresión de la Asociación de Propaganda Feminista de aquel país. Militante asimismo en el republicanismo portugués y el feminismo, mantenía relaciones con la Logia Derecho Humano. Tal vez fue allí donde pudo *Colombine* entrar en sintonía con la red internacional de Mujeres por la Igualdad Civil y el Derecho al Voto que tenía sus derivaciones en España. Carmen había iniciado ya en 1906 la primera campaña sobre el voto femenino en España y había fundado en 1920 la *Cruzada de Mujeres Españolas,* a imitación de la que fundó su hermana masona y amiga Ana de Castro en Portugal en 1914. Posteriormente fundaría el Taller Amor n° 1 dentro de la Gran Logia Española. Era el broche final para la multifacética almeriense. Instaurada la II República es cuando comienza sus trabajos para instalar una logia de adopción, proyecto que se hizo realidad el 2 de diciembre de 1931. Bajo los auspicios de su tutora, la madrileña logia Mantua, se le puso el nombre de Amor nº 1. Entre otras mujeres, la logia estaba integrada, además de por Colombine —su Venerable Maestra—, por su hija María Álvarez de Burgos, su hermana Catalina, Gloria Carbonell, Mercedes Fernández, Elena Fojó, María Gutiérrez, Eulalia Tabada, Jane Blanc, Blanca Alonso, Rosario Cuartero, Ana Fiorini, Mª Teresa Guinle o la famosa Hildegart. Se refiere a ella el historiador experto en Masonería Ferrer Benimelli:

> *¿Qué es lo que pretende Carmen con esta logia femenina de las que había pocas en España? Reactivar la recuperación de la mujer, sacarla del ámbito familiar, insistir en lo que había sido una trayectoria suya como escritora o como periodista, como fundadora de la Cruzada de las Mujeres Españolas, ya en los años veinte en los que interviene el pacifismo. Lo que pretende es defender el feminismo por una parte, defender el sufragio femenino.*

Esta mujer excepcional —a la que a menudo sólo se la «recuerda» por ser la esposa de Gómez de la Serna—, «*trabajó como veinte escritores juntos*», constata la profesora Concepción Núñez y publicó más de ciento cincuenta obras literarias. Fue maestra, licenciada, corresponsal de guerra, escritora y traductora. En una de sus *Planchas de Arquitectura* exponía:

> *El verdadero progreso no está en los inventos sino en la ética de los pueblos... se rechaza la violencia y la crueldad en las guerras... la liberación de la mujer es uno de los eslabones en esa inmensa cadena que va del salvajismo a la civilización...*

De Burgos defendía la libertad e independencia, y el acceso a los puestos de poder para las mujeres en la medida en que fueran capaces, pero abogaba, asimismo, por la figura de la madre, defendiendo la maternidad como arma para perpetuar la humanidad. Participó como oradora en el Congreso organizado por la Liga Feminista de Milán. La revista portuguesa *Portugal Feminino*, con quien la escritora andaluza había colaborado, ofreció su tributo a la feminista española insertando su necrológica, elaborada por su amiga, la también feminista y masona Ana de Castro:

Carmen de Burgos, la gran escritora española que el 9 de octubre murió heroicamente en plena actividad de acción liberadora, es un valor mundial que todas las mujeres deben respetar, aunque no coincidan con sus creencias y no estén a la altura de su pensamiento avanzado y libre de dogmas y prejuicios sociales (...)

Colombine tuvo la alegría de ver cómo Clara Campoamor conseguiría el derecho de las mujeres a manifestar sus opiniones en las urnas, pero desgraciadamente no vivió lo suficiente como para poder ejercer su derecho al voto.

HILDEGART RODRÍGUEZ CARBALLEIRA (1914-1933)

De nombre simbólico *Iris-Egle,* ha sido un personaje originalísimo de nuestra historia. Fue una niña prodigio, concebida por una madre desequilibrada como modelo de mujer de futuro. Aurora Rodríguez Carballeira — atea militante, socialista y de peculiares ideas— había escogido un padre biológico sólo para ese fin, lo que resultaba en aquellos tiempos no tan lejanos una verdadera herejía. A los tres años, la niña Hildegart ya escribía y a los ocho hablaba seis idiomas —francés, inglés, latín, traducía del alemán, portugués e italiano—. Comenzó sus estudios universitarios con 14 años, acompañada de su madre y los terminó a los 17; se licenció en Derecho y a los 18 abrió bufete. Desde 1929 era famosa: participaba en reuniones políticas y pronunciaba conferencias. Fue miembro muy activa del PSOE y de UGT, y posteriormente del Partido Federal. Escritora brillante y defensora de los derechos de la mujer, fue una de las personas más activas de su tiempo en el movimiento por la reforma sexual en España y estuvo conectada con la vanguardia europea en ese tema. Fue la traductora de Havelock Ellis y secretaria de Gregorio Marañón. Publicó múltiples textos, siendo *best-sellers* en la época. Sus conocimientos de las Ciencias y de la Mitología eran fabulosos. Hildegart tenía como modelos femeninos a Carmen de Burgos y a Federica Montseny. Cuando comenzaba a ser conocida internacionalmente, y ante el intento de alejarse del proyecto vital que le tenía reservado su atora, ésta, posesiva y loca, que la consideraba como su «obra par-

Clara Campoamor.

ticular», la asesinó. En los años 80 se rodó una película basada en el caso e interpretada por Amparo Soler Leal y Fernando Fernán Gómez, que causó un gran impacto.

CONSUELO BERGÉS

De nombre simbólico *Yasnaia,* poseía un alto nivel intelectual y había publicado su libro *Explicación de octubre* cuando llegó a la Logia Amor, donde desde su oficio de *Oradora* explicaba sus teorías sobre la igualdad en la Orden:

> *... no puede mantenerse al margen (la Masonería)... Y mucho menos en contra del avance arrollador de las reivindicaciones femeninas, no sobre los hombres, no frente a los hombres, sino al lado de los hombres*
>
> *... Me permito opinar... que la actual separación y desigualdad de los sexos en la Masonería significa, en España especialmente, un evidente e indefendible anacronismo, una notoria injusticia y un perjuicio para los fines y trabajos de la Masonería, que como todo fin humano, solo puede cumplirse eficazmente dentro de la justicia, a tono con los tiempos y mediante cordial acuerdo entre las dos mitades del género humano.*

CLARA CAMPOAMOR (1888-1972)

Fue iniciada en la Logia de Adopción Reivindicación, dependiente de la masculina Condorcet, del Gran Oriente Español. Allí trabajaron entre otras feministas Consuelo Bergés y María P. Salmerón. Defensora de los Derechos de la Mujer, diputada, Ateneísta, consiguió por primera vez en la historia de España la aprobación del Sufragio Femenino. Gracias a ella y desde entonces las españolas podemos ejercer el derecho al voto. Fue una conquista democrática.

La madrileña había tenido que abandonar sus estudios para sacar adelante la economía familiar y desempeñó los oficios de modista, vendedora, secretaria de periódico y traductora. En

1916 ingresó en el Ateneo de Madrid, un hecho capital en su evolución intelectual al codearse con la flor y nata del mundo cultural. En 1921 obtuvo la licenciatura en derecho y fue admitida en el colegio de abogados de la capital española. Decidió abrir su primer despacho y participar activamente en la Academia de Jurisprudencia. Su evolución había sido meteórica, el ejemplo perfecto de una persona hecha a sí misma con tesón, voluntad y esfuerzo continuo. Durante la dictadura de Primo de Rivera, su reivindicación de la igualdad de derechos para la mujer la aproximó al Partido Socialista, aunque siempre criticando la colaboración de los socialistas con el gobierno. En 1926, junto a Elisa Soriano y María Martínez Sierra fundó la Sociedad Española de Abolicionismo, colectivo de mujeres que pretendía acabar con la prostitución. Cuando ingresó en la Real Sociedad Matritense de Amigos del País, Clara Campoamor tuvo palabras de agradecimiento para esta entidad por ser una de las primeras sociedades que aceptaron mujeres entre sus miembros.

Sus ideales republicanos la vincularon a Acción Republicana antes de que cayera la monarquía. Convocadas las elecciones a Cortes Constituyentes, una reforma de la ley electoral permitió que las mujeres pudieran ser elegidas aunque no electoras. Ella luchó incansablemente desde todas las tribunas posibles y en su calidad de miembro de la Comisión Constitucional abogó por la no discriminación por razón de sexo, por el divorcio, el sufragio universal y la igualdad legal de los hijos fueran o no naturales. Aquellas propuestas tan claramente progresistas la pusieron en el punto de mira de los sectores más retrógrados del país, encabezados por la iglesia católica. Tampoco lo tuvo fácil con los suyos: el voto femenino fue dejado de lado por la Constitucional que consideró que el tema debía debatirse en el parlamento. Paradójicamente fueron precisamente los Radicales (su partido político) y un buen número de socialistas quienes se opusieron a la concesión del voto a las mujeres. Gracias a su réplica y a su discurso contundente y convincente el escrutinio fue favorable a su propuesta como diputada: el sufragio universal era una realidad en España. No obstante, las defensas del divorcio, la fiscalización de las fundaciones privadas —muchas de ellas de la iglesia— y su apuesta por la eliminación del delito de adulterio le hicieron perder su escaño parlamentario, aunque también contribuyo ¡cómo no! su pertenencia a la Masonería. Manteniendo su honradez, su coherencia y sus principios por encima de todo —prácticamente desconocidos en el mundo de la política— renunció al escaño y al Partido Radical.

Escribió *El voto femenino y yo: mi pecado mortal,* valorado como uno de los libros políticos más admirables y menos divulgados del siglo XX español. Con el comienzo de la guerra fratricida del 36, y la correspondiente persecución y amenaza de muerte a los masones, Clara se exilia en Lausana y Argentina. A finales del 50 intentó regresar a España dirigiendo una carta al tristemente célebre Tribunal de la Represión de la Masonería y el Comunismo. Este le planteó una terrible disyuntiva: cárcel o delatar a sus antiguos hermanos masones. Haciendo gala nuevamente de sus valores y de su Fraternidad, la Campoamor regresa a la Argentina y a Suiza. Jamás regresará a su patria. Pasó al *Oriente Eterno* con 84 años.

MERCEDES PINTO (1883-1976)

Escritora y periodista tinerfeña, fue una mujer que se apartó de las convenciones sociales al rechazar el rol de género que le estaba destinado. Hacia 1920, huyendo de su opresiva situación familiar, se traslada a Madrid y empieza a escribir en la prensa. Entra en contacto con los círculos feministas y conoce a la escritora Carmen de Burgos cuando era una ardiente defensora del divorcio y los derechos de las mujeres. Años más tarde ella relataba:

> *Llegando a Madrid me acogieron un grupo de escritores: Unamuno, Carmen de Burgos... Supieron mi historia y me alentaron a que diese conferencias sobre el divorcio. Di una que hizo gran ruido, titulándola «El Divorcio como medida higiénica». Esta conferencia fue uno de los «meeting sanitarios» que se organizaron en la Universidad en 1923.*

Como miembro de la Liga Internacional de Mujeres —asociación feminista presidida por Carmen de Burgos— que reivindicaba sus derechos políticos y civiles, pidió a Primo de Rivera la reforma de una medida gubernamental que marginaba a las madres solteras, lo que le valió la enemistad del dictador y su destierro, que pudo evitar gracias a la ayuda de la Orden:

La Masonería a la que pertenecía el grupo de escritores de oposición, supo bajo cuerda que se me iba desterrar a Fernando Poo y entonces... logré salir de España hacia el exilio...

Los temas principales de sus artículos, acompañados a menudo de conferencias dirigidas especialmente a las mujeres, expresan un gran interés por la educación femenina y los derechos cívicos de mujeres y hombres. Sus ideas feministas aparecen desarrolladas en el artículo sobre «Los derechos de la mujer», publicado en la prensa canaria en 1930, donde asume con claridad las posiciones sufragistas en el debate sobre el voto femenino que se estaba desarrollando entonces. En 1926 publica en Montevideo su primera novela, un libro de versos y una de sus obras teatrales y allí funda, entre otras, la Asociación Republicana Española. En 1935 se traslada a La Habana pensando ya en regresar a su tierra, pero la guerra civil y luego la dictadura se lo impedirían. En Cuba era muy conocida por sus programas de radio. El periodista canario Juan del Time cuenta cómo en el «Día del Masón» de 1936 *habló Mercedes y fueron continuas las ovaciones a esta mujer predicadora de un feminismo justo, sin estridencias, con las debidas liberaciones igualitarias, interpretando admirablemente el ideario martiano.* Feminismo, masonería y republicanismo estaban estrechamente unidos en el pensamiento de la escritora canaria, pero no hay constancia escrita de pertenencia a ninguna logia concreta.

LA EXPANSIÓN UNIVERSAL DE LA MASONERÍA MIXTA

En 1916 El Derecho Humano había creado su Federación Argentina. La historia política turbulenta del país austral, entrecortada por dictaduras y revolución, hizo difícil el desarrollo de El Derecho Humano, y la Federación no pudo trabajar de manera duradera por falta de miembros. En ese tiempo, y ya obtenida la sanción de las principales leyes laicas (la secularización de los cementerios, el establecimiento de los registros civiles, el matrimonio civil y la Ley de Educación), la masonería de la época pierde impulso sin ver aprobada la Ley de Divorcio (tras la huida de Perón en 1955, se volvería a iniciar la actividad).

También en 1916, otra importante mujer, Edith Cowan (1866-1932), era iniciada en la Federación Australiana del Derecho Humano. Fue la primera mujer diputada elegida por el Parlamento australiano, y la segunda del Imperio británico, y en 1915, miembro de la Comisión de la Justicia para la Infancia. Un billete del banco australiano lleva su efigie.

Y en 1919 levantaba sus columnas en Brasil el primer taller masónico mixto, con el alias de co-masonería, que fue fundado en Río de Janeiro bajo el nombre de Logia Isis, inspirada en *Le Droit Humain*. Una década más tarde tendrá lugar la fundación de La Gran Logia Mixta de Chile, en Santiago en 1928, llevada a cabo por un grupo de varones miembros de la Gran Logia de Chile —masculina— , junto a mujeres y hombres de la Sociedad Teosófica chilena y otras personas que buscaban desarrollarse espiritualmente, y cuyo propósito era alejar a las mujeres de la influencia retrógrada del clero. La Gran Logia de Chile estuvo muy preocupada por las consecuencias que esa nueva obediencia irregular podría tener en la masonería regular y en la opinión del mundo profano. En la ceremonia de instalación de los primeros postulantes estuvieron: Angélica Armengolli Castro —la cual fue iniciada esa noche junto a su padre Juan Armengolli Revello—, su madre, Elcira Castro, y su esposo. Nace así la primera logia mixta pionera en Chile con carta patente de la Orden Masónica Mixta Internacional El Derecho Humano, la cual recibe el nombre de Igualdad N° 632. A partir de ese día, se concretaba así la sentida aspiración de los hermanos de la Gran Logia de Chile de incorporar a la mujer en los misterios de la Francmasonería. En 1930 se instalaban nuevas logias mixtas en Santiago y Valparaíso. Pero en diciembre de 1932, las autoridades de la Gran Logia de Chile por razones estrictamente de carácter internacional, referidas a no contravenir disposiciones de la Gran Logia Unida de Inglaterra, dictan una resolución que prohibía a los masones pertenecientes a las logias masculinas tener relaciones con la Orden *Le Droit Humain* y/o con cualquier Oriente o Gran Logia que admitiese a la mujer. Esta disposición condujo a un serio trastorno y a un sensible debilitamiento de las columnas de la Respetable Logia Hiram N° 65, puesto que a los hermanos que habían fundado la Logia Igualdad N° 632, se habían sumado masones de otros talleres de la Gran Logia de Chile, quienes resuelven renunciar a la

Francmasonería masculina y continuar en la masonería mixta, convencidos de que era el único medio de liberar a la mujer.

En 1926 El Derecho Humano creó en Grecia su primer taller. Y según datos suministrados por el estudioso masón Adriano Moreno Weinstein, en Bogotá fue fundada en 1937 una logia mixta de Derecho Humano llamada Sol de Colombia J. B. Acuña N° 623, en honor de José Basileo Acuña Zeledón, el masón costarricense que impulsó la creación de logias del Derecho Humano en el Caribe, a partir de la Logia «Saint German N° 621» fundada en San José de Costa Rica en 1919. Luego vendrían otras en Cuba, El Salvador, Nicaragua, Colombia y Panamá. Se considera que esta Logia funcionó probablemente hasta el 9 de abril de 1948 cuando la represión conservadora en Colombia generó tales temores entre los masones bogotanos que se prefirió no reunir de nuevo el Taller.

LAS FRANCESAS Y LAS CO-MASONAS INGLESAS

Desde el Taller masculino La Jerusalén Escocesa —de la Gran Logia de Francia—, se pide crear una Logia de Adopción en 1907. Paralelamente y tras innumerables discusiones, comenzaron a funcionar en 1925 cuatro logias adoptadas —entre ellas La *Nouvelle Jerusalém*— . Hasta 1935, varias logias adoptivas más fueron creadas, pero ya no tenían nada en común con las de los siglos XVIII y XIX. Ahora, se reunían regularmente las mujeres para discutir los mismos temas que en las logias masculinas y el Gran Maestre pasó a ser ya una mujer —la Gran Maestra— que trabajaba con total libertad, sin la supervisión de ningún Hermano.

El 8 de julio de 1936 se constituye el Congreso anual de las Logias de Adopción bajo la presidencia del Gran Maestro de la Gran Logia de Francia, creándose una gran Secretaría. A finales de año se designó una Presidenta para dirigir las Tenidas Colectivas. De esta forma siguieron trabajando las Logias de Adopción hasta 1940. Una mujer popular que trabajaba en sus talleres fue Edith Clark–Boiteux (1906-1937), aviadora y paracaidista del ejército del aire. Iniciada en 1926 en la Logia *General Peigné* (Logia de Adopción de la Gran Logia de Francia), llegaría enseguida a presidirla como Venerable Maestra.

Mientras, al otro lado del Canal de la Mancha, en Inglaterra, se incorporaban a la masonería tanto profesoras como científicas, aventureras, políticas, reinas, nobles, intelectuales, astrónomas, escritoras, o... simplemente esposas. Pobres y ricas. Unidas en libertad, igualdad y fraternidad. Hermanadas entre las herramientas masónicas. Esa es la riqueza de la orden masónica. Todas interesadas en la Iniciación hacia el camino de la Sabiduría. Ya hemos apuntado que la masonería mixta del Derecho Humano se extendió casi de inmediato en Inglaterra, a través de la intermediación de Annie Besant, tomando el nombre de Co-masonería. La primera logia mixta había sido fundada en Inglaterra el 26 de septiembre de 1902 —la N° 6 *Human Duty*—. Pero muy rápidamente, un grupo de masonas inglesas se encontraron en desacuerdo con la orden de origen francesa, fundamentalmente en tres puntos:

— La sumisión de las logias simbólicas a un Supremo Consejo.
— La obligación de creer en un principio superior o divino.
— La *mixité*.

Así las cosas, poco a poco, algunas co-masonas deciden romper para iniciar una nueva orden, en realidad, a imitación de la masonería masculina —o 'regular'— de la Gran Logia de Inglaterra. Nacía La *Honourable Fraternity of Antient Masonry* —20 de junio de 1908—, cuyo primer Gran Maestro e impulsor fue un hombre, el Reverendo William Frederick Cobb—. Sin embargo, desde 1912, los grandes maestres han sido mujeres. Esta obediencia empezó con tres logias y era mixta —la componían tanto hombres como mujeres—, pero finalmente se tomó la decisión a principios de 1920 de permitir la entrada a las mujeres solamente. Se convirtió en organización exclusivamente femenina —hasta hoy—. En ella trabajó también la conocida sufragista Emmeline Pankhurst.

En 1922, la galesa Violet Mary Firth Evans (1890-1946) conocida como Dion Fortune, funda en Gran Bretaña la Sociedad de la Luz Interior. Fue integrante asimismo de la Stella Matutina y del *London Temple Alpha-Omega.* Su obra maestra fue la *Cábala Mística,* publicada por primera vez en Inglaterra en el año 1935. Participaría muy activamente en la defensa de Inglaterra durante la II Guerra Mundial.

Marie Russack.

CO-MASONAS AMERICANAS DEL NORTE AL SUR

En EE.UU. la primera logia instalada levantó sus columnas en Nueva York en 1903, y en 1907 la Federación Americana de El Derecho Humano se constituyó en Washington con todos los talleres. El éxito fue rápido y ya en 1924 se componía de una centena de logias. Pero a finales del siglo XX la mayoría de estas logias abandonarán *Le Droit Humain* y fundarán la *Honorable Order of American Co-Masonry* et la *Eastern Order of International Co-Freemasonery.*

MARIE RUSSACK (1865-1945)

Estadounidense, se inició en la Co-masonería de *Le Droit Humain.* La hermana *Helios* fue asimismo miembro de la Antigua y Mística Orden Rosae Crucis (AMORC) —colaborando con Harvey Spencer Lewis—, y de la Sociedad Teosófica. En 1912 cofunda la Orden del Templo de la Rosacruz. Escribió la obra *El Ocultismo en la Música.*

ANNA ELEANOR ROOSEVELT (1884-1962)

Escritora, diplomática, activista por los derechos humanos y feminista fue primera dama estadounidense como esposa del presidente Franklin Delano Roosevelt. Está considerada como una de las líderes que más ha influido en el siglo XX. Durante el periodo posterior a la crisis de 1929 viajó por todo su país promoviendo la *New Deal,* y visitó a las tropas en los frentes de batalla de la Segunda Guerra Mundial. Participó en las formaciones de numerosas instituciones, entre ellas las Naciones Unidas, la Asociación de Naciones Unidas y la Casa de la Libertad. Presidió el Comité de Derechos Humanos de la ONU y su papel fue clave en la aprobación en 1948 de la Declaración Universal de los Derechos Humanos: participó en la formulación de la Declaración refiriéndose a ella como «La carta magna de la Humanidad». El Presidente Harry Truman se refirió a ella como la *Primera Dama*

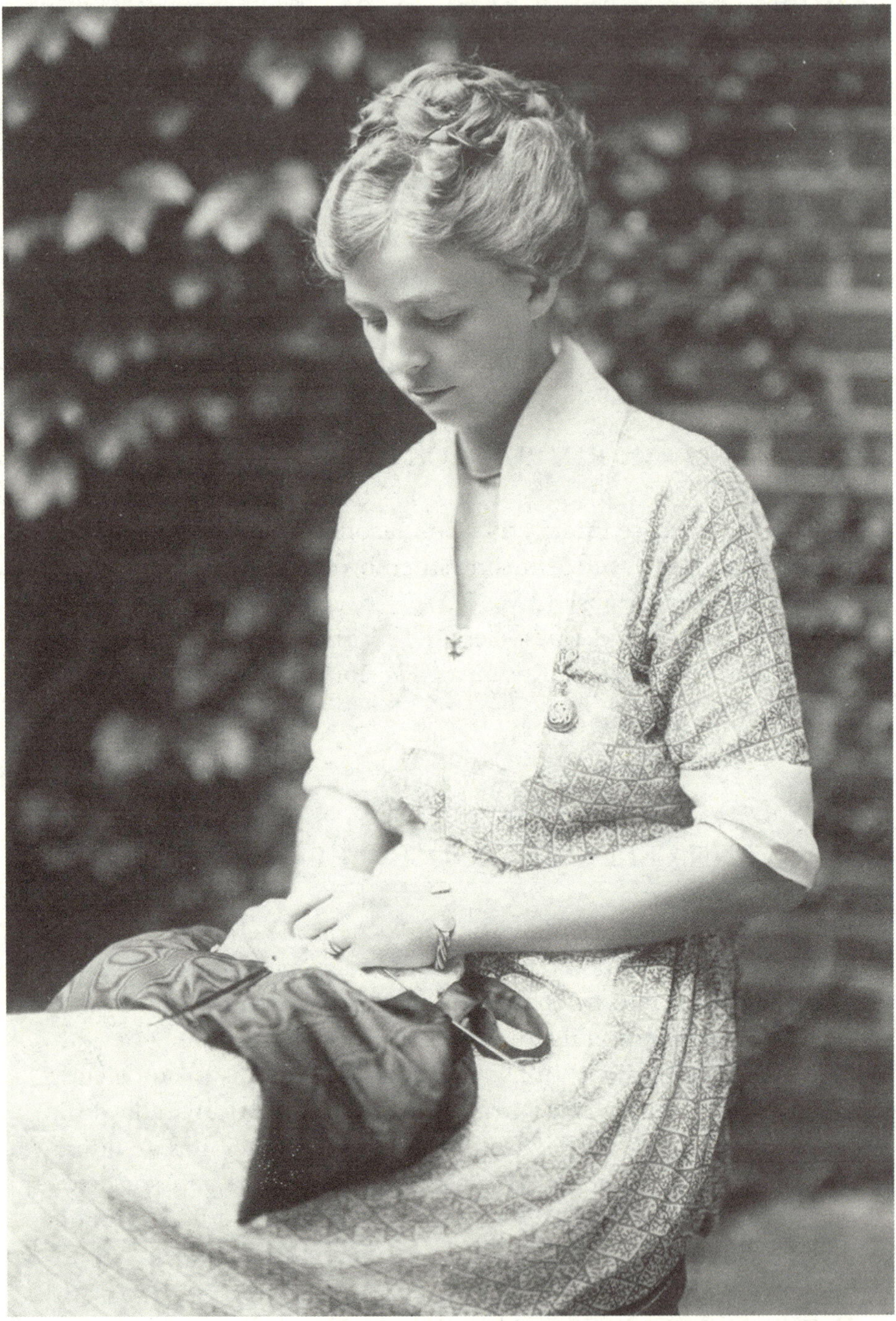

Anna Eleanor Roosevelt.

del Mundo en honor a sus extensos viajes y acciones para promover los Derechos Humanos. Como ejemplo, la organización de un recital en el Lincoln Memorial para la contralto afroamericana Marian Anderson —que había sido rechazada por la organización *Hijas de la Revolución* en el Constitución Hall—: logró una audiencia de 75.000 espectadores y radiodifusión por todo el país. Rompiendo los esquemas, dio 350 conferencias de prensa a periodistas mujeres únicamente, en todo el país, intervino en emisiones de radio e impartió conferencias. Expresaba sus opiniones en una columna de periódico llamada *My Day*. Continuó participando activamente en la vida política de su país hasta su muerte en 1962. Por todo ello es considerada una de las primeras damas más populares de Estados Unidos.

Extracto de la Inauguración del Templo Masónico Franklin D. Roosevelt, en París:

> *La señora Eleanor Roosevelt presidió el pasado 9 de diciembre de 1949, la ceremonia de inauguración de un templo masónico. Numerosos hermanos aguardaron su llegada, luego que la señora Roosevelt usó de la palabra en la UN, al discutirse la Declaración de los Derechos del Hombre. La señora Roosevelt llegó acompañada del Gran Maestre de la G... L... de F..., miembros del Consejo Federal y delegaciones. La señora Roosevelt expresó todo el afecto que ella siente por Francia y que la ayuda de Estados Unidos, retribuía la que había recibido otrora en su lucha por la independencia. Agregó que jamás olvidaría la calurosa recepción de los masones franceses.*
>
> *Expresó le el Gran Maestre que era tradicional ofrecer rosas rojas a las damas que hacían a la Orden el honor de una visita y le ofrendó un ramo de treinta tres rosas rojas, adornado con los colores de la Gran Logia. En nombre de los masones dio un abrazo fraternal a la Compañera…*

ZORA NEAL HURSTON (1891-1960)

La afroamericana fue antropóloga y autora literaria muy relevante durante la época denominada el Renacimiento de Harlem, con cuatro novelas y más de cincuenta cuentos publicados, obras de teatro y ensayos, aunque sería más conocida por su novela publicada en 1937 *Sus ojos miraban a Dios*. En 1918, Hurston había comenzado sus estudios universitarios en la Universidad de Howard —allí se convirtió en una de los primeras iniciadas de *Zeta Phi Beta Sorority*— donde tomó cursos de español, inglés, griego y sobre cómo hablar en público. En 1925 se le ofreció una beca para estudiar en la Columbia University, donde fue la única estudiante negra. Hurston recibió su licenciatura en Antropología en 1927, cuando tenía 36 años. Son importantísimas sus investigaciones etnográficas junto a Franz Boas. En la vida adulta, además de continuar su carrera literaria, Hurston dictó sus sabidurías en la facultad de la Universidad de Carolina del Norte para los Negros (ahora Universidad Central de Carolina del Norte de Durham). Sería en 1956 cuando le fuera otorgado el reconocido galardón *Hurston Bethune-Cookman-Premio Colegio de Educación y Relaciones Humanas* en reconocimiento a sus grandes logros, de tal manera que el Departamento de Inglés del Bethune-Cookman College está dedicado a la preservación de su legado cultural. Hurston viajó extensamente por todo el Caribe, América Central y del Sur —estudiando sobre todo Jamaica, Haití y Honduras— y se sumergió en las prácticas culturales locales para llevar a cabo su investigación: en 1937, con el apoyo de la Fundación Guggenheim, la profesora profundizó en la investigación sobre la naturaleza poli étnica de la población de la región (muchos de los cuales, como los pueblos zambos, misquitos y garífunas, eran en realidad de ascendencia africana parcial).

JULIETA LANTERI

Nació en Italia en 1873 y pocos años después se estableció en Argentina, donde cursó sus estudios, obteniendo los títulos de farmacéutica y médica. En 1906 participó en el Congreso Internacional del Libre Pensamiento y en 1910 propició y participó en el Primer Congreso Internacional de la Mujer, junto a otras destacadas personalidades como la masona española Belén Sárraga —cuando esta era dirigente de la Federación Argentina de El Derecho Humano—. En 1918 fundó y presidió el Partido Feminista Nacional y un año después fue candidata a diputada. Fue la primera mujer que *motu proprio* ejerció el sufragio en Sudamérica en las elecciones municipales de Buenos Aires en 1911, lo que le ocasionó problemas, ya que después de esto el voto femenino fue prohibido por las autoridades. Cultivó la amistad de numerosos dirigentes políticos, socialistas y masones, tales como Alfredo Palacios y José Ingenieros. Murió en 1932 atropellada por un automóvil, pero hasta el día de hoy se sospecha que fue asesinada.

La mujer librepensadora fue una importante conferencia dictada por ella en la Logia 12 de Octubre, que integraba los Talleres de la Obediencia Gran Logia Filial Hispano-Argentina (bajo los auspicios del Grande Oriente Español). Luego, junto a los otros Talleres del GOE, constituirían la Gran Logia Nacional Argentina (1926-1932). Esta Orden, tras una importante reorganización terminará fusionándose con la Gran Logia Argentina del Rito Escocés Antiguo y Aceptado en 1932. En 1935 se producía otra crisis y la fractura de la Gran Logia de la Argentina al constituirse el Gran Oriente Federal Argentino (GOFA), de carácter laicista y manifiestamente adogmático, según lo establecido en sus principios, pero todavía netamente masculino. La reunificación no llegaría hasta 1956.

En la década de los 40 las mujeres tuvieron participación masónica en el Rito de Memphis-Misraïm a través de la Logia de adopción Hijas de la Unión, siendo su primera Venerable Maestra Catalina Ramis. Hijas de la Unión dependía de la Gran Logia Provincial de Santa Fe, Obediencia que abatió columnas el 2 de agosto de 1944. No sería más que con el paso de los años y la lucha, a través de movimientos feministas o políticos y de figuras de extensa trayectoria y presencia social como Alicia Moreau de Justo o Eva Perón, que las argentinas fueron adquiriendo derechos como el sufragio, o más cerca del final del siglo, el divorcio y el régimen de patria potestad compartida.

ALICIA MOREAU DE JUSTO (1885-1986)

Médica, política, educadora y defensora de los Derechos Humanos y de los derechos de la mujer, nació en Londres. Su padre, (revolucionario francés, estaba exiliado en Inglaterra por su participación en la Comuna de París en 1871). Es hacia 1890 cuando la familia llegó a Argentina. En Buenos Aires en 1906 Alicia participó en el Primer Congreso Internacional de Librepensamiento, donde conoció a la masona española Belén de Sárraga, cuya encendida oratoria, distinta a la suya, le impactó profundamente. En 1910 creó el Ateneo, y publicó varios artículos sobre educación y política, popularizando el método educativo creado por la italiana Dra. María Montessori. En 1915 obtuvo el título de médica y profesora de la Universidad Nacional de La Plata. En 1920 Alicia fue cofundadora de la Unión Feminista Nacional (UFN) que tenía como idea organizar a las mujeres para obtener la igualdad de derechos que los hombres. Creó el Comité Femenino de Higiene Social, con el fin de combatir la 'trata de blancas', y 1932 elaboró un proyecto, presentado en la Cámara de Diputados para establecer el sufragio femenino, pero fue rechazado por la amplia mayoría de conservadores. En su lucha pacífica, viajó en 1947 a París en representación de Argentina, a las Primeras Conferencias Internacionales de Mujeres por la Paz. Ese mismo año se aprobaba la ley que permitía el voto femenino.

Entre democracias y dictaduras transcurrió la historia argentina del siglo XX; la época más oscura: la dictadura militar de 1976 a 1983. Alicia Moreau estuvo totalmente integrada en los acontecimientos; luchadora incansable, enérgica y decidida, madre y educadora, supo combinar todas sus actividades con valentía y empeño. Fue una de las fundadoras de la Asamblea Permanente por los Derechos Humanos, brindó apoyo y acompañó a las Madres de Plaza de Mayo en sus marchas frente a la casa de gobierno, reclamando la aparición con vida de sus hijos. Su último discurso público lo dio a los cien años. Pasó al Oriente Eterno en 1986.

En los Estados Unidos de México, de 1930 a 1935, bajo el auspicio de la Gran Logia Independiente Mexicana (que años más tarde se fusionaría con la Gran Logia Valle de México), fueron fundadas las logias: Emancipación Dogmática nº 1 en el Distrito Federal (hasta 1965), Alma Libre nº 2 e Izquierdas nº 3. Esta masonería femenina no era de adopción, trabajaba con el Rito Escocés Antiguo y Aceptado y mantuvo su autonomía jurisdiccional de la masonería masculina.

La masonería de adopción en México sólo ha existido en los estados del sur del país, con rituales completos, propios de su organización, pero diferentes a la masonería de adopción que se promovió en Europa y Estados Unidos de América. Sus instituciones son denominadas Centros Paramasónicos Femeninos y como tales están circunscritos al régimen de las logias masculinas que los patrocinan. La masonería de adopción nunca ha sido promovida en el centro y el norte de México, por lo que las mujeres que se han integrado a la masonería lo han hecho directamente en las logias femeninas y mixtas, ya sea en el Rito Escocés Antiguo y Aceptado o en el Rito Nacional Mexicano.

MARÍA LACERDA DE MOURA (1887-1945)

Fue otra pionera en el campo de estudios sobre la condición femenina, «la arquitecta del feminismo brasileiro», o como escribe la investigadora Ángela María Rodriguez, «*la constructora de la función intelectual de la mujer a principios del siglo XX*». Pero en lo referente al tema central de este estudio, Lacerda fue la primera que escribió un libro sobre las mujeres masonas y lo hizo en 1922, titulándolo *A Mulher e a Maçonaria*. Como tantas otras feministas (Sárraga, Acuña, Moreau de Justo, Veleda, Ana de Castro, Claramunt...) pasó por la Orden del Arte Real y por la Fraternidad Rosa Cruz, rompiendo lazos con esta última, si bien años más tarde debió reanudar su participación ya que su última conferencia, «*O Silêncio*», fue pronunciada en su sede. Su obra ha sido tristemente silenciada durante cincuenta años, incomprendida por sus contemporáneos, y rescatada en la historiografía en los años ochenta por Miriam Lifchitz Moreira, de la Universidad de São Paulo.

Hija de padre espiritualista y francmasón, su vida es un viaje que desafió los obstáculos emocionales, sociales y políticos, un camino trazado audazmente según sus ideales espirituales. Con una personalidad fuerte y combativa, no le importaban los enfrentamientos ni las continuas controversias. Bajo la atmósfera de una sociedad provincial, donde el clero católico mantenía el control sobre la educación, la familia, las relaciones sociales y la educación, esta intelectual independiente, inclasificable, periodista, educadora, escritora, pacifista y profesora, era dueña de un espíritu transgresor. Su coraje por pensar por sí misma y por hacer su escalada espiritual sin someterse a las presiones externas definió siempre su personalidad y su obra. Sus maestros, citaba, en esa su misión de resistencia pasiva y no violenta, fueron Sócrates, Gandhi y Tolstoi, pero también rebatía en sus obras a Victor Hugo, Zola, Dostoievski, Colajanni, Finot, Parchappe, Broca, Manouvrier, Lacassagne, Brinton, Verneau, Buffon y muchos otros con alusiones combativas y provocativas apoyadas por su vasto conocimiento científico y filosófico. La argumentación de Lacerda en el campo de la antropología pasa a través de un análisis minucioso de la «teoría de razas» y la «pureza de las razas», donde no faltan citas de académicos franceses de este campo ni reflexión sobre otras diversas teorías, de las cuales pretendía subrayar el carácter contradictorio de muchas de ellas.

En 1922 podemos destacar la Conferencia y libro de *La mujer y la Masonería* y en 1924, entre otras audacias, la publicación de *¿La mujer es una materia degenerada?: El desafío de la obra.* Entre otras muchas otras publicaciones, conferencias, artículos y revistas, algunas de sus perlas son, por ejemplo: *«Ser madre es la misión, pero no es la profesión», «Hay que de-construir las imágenes sobre la condición de la mujer creadas por la sociedad»; «La no educación de la mujer ha ralentizado la civilización«.* María había comenzado su carrera en 1904 como maestra, influida por las ideas del masón y pedagogo racionalista español Francisco Ferrer i Guardia. Se conserva una carta suya a la masona portuguesa Ana de Castro Osório que indica la relación y el intercambio de ideas entre las muy activas intelectuales masonas y escritoras de ambos lados del Atlántico.

María Lacerda fue una mujer que defendió el individualismo, la honestidad, la necesidad de aprender en profundidad, el espíritu frente a la materia para que la especie humana, al fin reconciliada, pudiese vivir en la Belleza, el Amor y en Fraternidad:

> *El masón libre que construye con mortero consistente de fe y entusiasmo, para un futuro remotísimo... su sueño de belleza, su anhelo de perfección y equidad.*

GABRIELA MISTRAL (1889-1957)

Lucila de María del Perpetuo Socorro Godoy Alcayaga fue iniciada en la Logia Teosófica Destellos de la Serena, en Chile, en 1912, tal como lo relata la poetisa y masona Nina Donoso Correa —perteneciente a la Gran Logia Mixta de Chile— en su trabajo *Evocando Poetas Maçons*. En ese año era inspectora y profesora de castellano en el Liceo de los Andes y buscaba consuelo espiritual. Como escribe Luis Vargas Saavedra:

> *La evolución de sus búsquedas religiosas y artísticas revela una incesante espiritualización de sus pulsiones. En lo religioso ensayó, entre 1910 y 1924: la teosofía, la masonería, el espiritismo, el budismo, hasta volverse católica, hacerse franciscana, perder la fe, recuperar el budismo y a partir de 1933 sumarlo a un cristianismo que veteará con yoga y rosacrucismo, en las décadas de los años 40 y 50.*

Como ella misma reconoció en entrevista, sobre los años 20, la fracción masona del Ministerio de Educación se convirtió para Gabriela Mistral en un círculo de poder y de compadrazgo, que enturbiaba la educación. La mala impresión que se llevó del desempeño administrativo del sistema educacional chileno no le inspiró deseos de volver a Chile: *Y yo no iré a vivir entre la mafia pedagógico-masónica...*

Podríamos suponer que habiéndose jubilado en 1925, puesta a salvo de esa mafia, pudo haber vuelto a Chile. Pero había aceptado representar a Chile en París, por un año o dos. Para ella el intelectual debía tener una mirada sobre los temas públicos.

Como es de todos conocido, Gabriela Mistral fue una destacada poeta, diplomática, feminista y pedagoga, una de las principales figuras de las letras mundiales y la primera persona de América Latina en ganar el Premio Nobel de Literatura en 1945. En 1953 se le nombra Cónsul de Chile en Nueva York. Fue otra relevante mujer que también participó en la Asamblea de Las Naciones Unidas: lo hizo representando a Chile.

XI

Nacimiento de la masonería femenina autónoma

Muy a comienzos del siglo XX, concretamente en 1903, en los Estados Unidos de América nacía la organización llamada Señoras del Templo Oriental de Norteamérica. Y otra, apelada las Hijas del Nilo, levantó sus columnas en 1913. En la década de los veinte vieron la luz otras dos organizaciones nacionales masónicas para mujeres jóvenes: la Orden Internacional de Hijas del Empleo —fundada en 1920—, y la Orden Internacional del Arco-iris para Muchachas (*Rainbow for Girls*), fundada en 1922 por el reverendo Mark Sexson como una opción para-masónica enfocada a chicas adolescentes de entre 12 y 21 años. Las dos estaban involucradas con organizaciones benéficas locales, servicios comunitarios y programas educativos, y basadas en los siguientes valores: Amor, Espiritualidad y Militancia en la religión de su preferencia, Inmortalidad, Fidelidad, Patriotismo y Servicio. Igualmente, fueron surgiendo otras organizaciones masónicas limitadas sólo a las mujeres: el Santuario de Damas Oriental de América del Norte, las Hijas de Mokanna y del Orden Social de Beauceant.

Todas similares a la Orden de la Estrella de Oriente (como vimos, para mujeres esposas e hijas adultas de masones) y conocida en inglés como *Order of the Eastern Star* (o por sus siglas O.E.S.), que brinda a las damas formarse con fórmulas protocolarias y rituales similares a las masónicas, pero con alegorías propias, basadas en historias de mujeres prominentes. Esta Orden está considerada como la organización masónica más extendida en el mundo, y en países como Estados Unidos —y Puerto Rico—, el número de miembros es similar y a veces mayor que el de la masonería masculina en su conjunto. Lleva más de un siglo funcionando, recordemos, desde 1855, y tiene hoy aproximadamente 500.000 miembros bajo su capítulo general. La Orden de la Reina del Sur y Orden del Amaranto, existen en la actualidad operando como obediencias independientes.

En Europa anglosajona, la hoy conocida como Order of Women Freemasons, que había nacido en Inglaterra en el seno de la Co-masonería de Annie Besant, decidió emprender en 1913 un camino exclusivamente femenino. Para ello tomaría como ejemplo el modelo de trabajo de las logias masculinas 'regulares' de la Gran Logia de Inglaterra. Tanto es así que en 1920 sus masonas deciden no permitir la visita de hermanos masones varones ni afiliarlos, evidentemente. Donde las dan las toman, dice un refrán español… Es decir, y es justo reseñarlo, que nacía otra masonería femenina con prácticas de exclusión similares a las masculinas. Pero es pertinente desatar este nudo inglés correctamente. La Orden de las Mujeres Masonas empezó llamándose *The Honourable Fraternity of Antient Masonry.* Por otra parte, una escisión de ésta se produce en 1913: el nuevo grupo pasa a denominarse *The Honorable Fraternity of Ancient Freemasonry,* dando lugar a dos Obediencias inglesas femeninas casi indistinguibles. A la *Honourable Fraternity of Antient Masonry* (la de 1908) para evitar la confusión de nombres le añadieron *Order of Women Freemasons.* Y los apellidos pasaron a ser su única denominación (desde 1958 y hasta hoy). La Orden de Mujeres Masonas es la más grande y antigua organización masónica para las mujeres en Gran Bretaña y trabaja en las líneas de la francmasonería regular masculina. Agrupan unos seis mil miembros en Reino Unido, Australia, Canadá, Sudáfrica, España (Fuengirola) y Zimbabue, en más de trescientas logias.

Por la otra parte, en *The Honourable Fraternity of Ancient Freemasons,* la primera Gran Maestre desde 1913 hasta 1933 fue Elizabeth Boswell-Reid. El rito de esta Orden era el de Emulación. Fue creada en el año de 1913 como una Gran Logia femenina. Es la de mayor proyección social filantrópica y accesible a las mujeres de cualquier raza o religión que puedan profesar una creencia en un ser supremo y se guíen por valores morales y espirituales.

Es curioso como las co-masonas que trabajaban en logias sse transforman, entonces, en una versión femenina de la masonería inglesa —la regular que no admitía mujeres—, diferenciándose de ésta solamente por el género de sus miembros.

Y volvemos al continente. En Holanda, nacía otra obediencia totalmente independiente, aunque masónicamente aliada, una hermandad de mujeres para las mujeres, la Orden de las Tejedoras (ODG), que utiliza los símbolos de las artes del tejido en lugar de los símbolos del Arte Real de la cantería.

Hacia 1907 se plantaba ya la semilla de lo que sería después en 1945 la Gran Logia Femenina de Francia. Ese año, ya hemos apuntado que la logia Nueva Jerusalén obtuvo autorización de la Gran Logia de Francia para crear una logia de adopción para mujeres y otros talleres siguieron su ejemplo. Desde entonces, la francmasonería femenina se reafirmó; estas logias de adopción son a las que los hermanos deciden unilateralmente conferir la autonomía en 1935. 1936 fue un año efervescente en el curso del cual 8 logias femeninas autónomas se agruparon en el primer convento masónico, la «Unión Masónica Femenina de Francia», embrión de la Gran Logia Femenina de Francia. La segunda guerra mundial puso un paréntesis en el desarrollo de la masonería femenina debido a la persecución y deportación de numerosas hermanas, obligando a una militancia clandestina que, sin embargo, sí pudo participar en los movimientos de Resistencia.

Pero, en realidad, la primera Gran Logia de Mujeres creada específicamente como tal en el continente fue la Gran Logia Femenina de Rumania en 1922, y la segunda, la Gran Logia Femenina de Francia en 1945, de mucha mayor proyección y actividad internacional —por lo que suele encontrarse en la literatura histórica de la Orden que la francesa fue la pionera—. Las rumanas celebraron a bombo y platillo en 2012 precisamente su noventa aniversario, dirigido por su Gran Maestra Anca Nicolescu, grado 33. En 2010, mediante la firma del Tratado de Mutuo Reconocimiento con el Gran Oriente de Francia, a la Gran Logia Femenina de Rumania se le reconocía la antigüedad histórica y la pertenencia al Rito Escocés Antiguo y Aceptado, poniendo fin a la creencia de que las francesas habían instalado la *más antigua gran logia femenina del mundo.* Es la rumana la más antigua Gran

Logia Femenina de Europa continental y la segunda más antigua del mundo después de la Orden de Mujeres Masonas. Desde su nacimiento en marzo de 1922 —y hasta hoy—, la Gran Logia Femenina de Rumania, ha trabajado en estricta conformidad con los *landmarks* de la Francmasonería Universal y del Rito Escocés Antiguo y Aceptado. Fue la primera Gran Logia Femenina en el mundo al tener su propio Capítulo de ese rito (18°) y ello se llevó a cabo entre la Primera y la Segunda Guerra Mundial, en Bucarest. Famosas señoras de la sociedad de esa época se unieron a la Gran Logia Femenina rumana, muchas de ellas esposas de los Masones pertenecientes a la Gran Jurisdicción Masónica de Rumanía. Después de la prohibición de la masonería rumana durante la era comunista, las Hermanas de la GLFR comenzaron a trabajar regularmente en la casa de la Gran Maestra y en otros lugares secretos en Bucarest. Es preciso reconocer que La Gran Logia Femenina nunca fue eliminada del registro legal de Bucarest. El renacimiento de la democracia en Rumania ofreció un período de casi diez años para GLFR para repensar su forma de actuaren un mundo que cambiaba muy rápidamente. Por lo tanto, a principios del siglo XXI las Hermanas rumanas reanudaron su trabajo a nivel nacional e internacional, bajo el mallete de Anca Nicolescu quien ha revitalizado la actividad nacional e internacional de la GLFR, transformándola en la más activa Gran Logia de Rumanía en el extranjero. Organizó en su país varios congresos nacionales e internacionales y reuniones masónicas con el fin de resituar a la Orden en la sociedad. El palacio real de Rumania fue elegido por muchos años para organizar eventos organizados por ellas debido a su importancia histórica Igualmente han participado en las reuniones masónicas más importantes: en África, América del Sur y Europa.

En Francia, en 1945 se fundó la Unión Masónica Femenina de Francia apoyada por la Gran Logia de Francia, y presidida por Anne Marie Gentily. El 21 de octubre de ese año tuvo lugar la primera asamblea y logró estabilizar logias en todo el territorio francés. Un año más tarde elaboró su propia Constitución. En este momento nace *casi por decreto* la Masonería autónoma exclusivamente femenina. En 1952 estas logias cambiaron el nombre por el de Gran Logia Femenina de Francia que adoptó el antiguo rito femenino de cuatro grados más uno honorario. Hasta 1959 continuaron trabajando con el Rito de adopción, que cambiaron a partir de entonces por los Rituales y los signos del Escocés Antiguo y Aceptado que utilizaban los hombres. Hoy cuentan con casi 100 logias, aproximadamente 18.000 hermanas y están presentes en Bélgica, Suiza, Polonia, Hungría, Isla Mauricio, Canadá, Venezuela. La Gran Logia Femenina posee un Consejo Federal y un Supremo Consejo.

Hay que recordar que en el período de la Segunda Guerra Mundial, las masonas fueron perseguidas y deportadas y a pesar de ello muchas hermanas participaron en la resistencia francesa contra el régimen nazi, papel que no siempre ha sido divulgado. Entre muchas otras:

— Fabienne L'Echarpe (1898-1994), iniciada en la Masonería el 11 de enero de 1924 en La Nueva Jerusalén. Participó en la fundación de numerosas Logias. Fue Gran Maestra desde 1958 hasta 1965. Era una gran defensora de los derechos humanos.

— Márcele Chébroux (1898-1981), iniciada en 1932 también en La Nueva Jerusalén. Más tarde fue Venerable Maestra. Se unió a la resistencia francesa en 1940. Formó parte de la milicia de la Resistencia en 1944. Por sus acciones fue galardonada con la Legión de Honor.

— Gilberte Arcambal (1901-1993) trabajó activamente en la Resistencia francesa y por ello recibió la Legión de Honor de la República francesa. Como periodista, colaboró en el *Journal du Centre* y en *Match*. Fue iniciada también en La Nueva Jerusalén en 1955, donde llegaría a ser la Venerable Maestra. Posteriormente también será Gran Maestra de la Gran logia Femenina de Francia en 1969.

— Marianne Monnestier (1908). Periodista de radio, prensa y fundadora de un diario femenino. Como mujer de letras escribió, entre otras cosas, *Las Sociedades secretas femeninas*. Se inició en 1957 en Nueva Jerusalén, en París.

— Simone Raspail (1908 1991) Primera mujer médica internista de los hospitales psiquiátricos del Sena, luego farmacéutica jefe de los hospitales de la región parisiense y posteriormente fundadoradirectora del Laboratorio Infancia y Familia. Fue iniciada en 1976 en la Logia Helios de Versalles

GINETTE EBOUÉ-FONTAINE (1923-1992)

En 1968 fue iniciada en la Logia El libre Examen. Posteriormente fundó varias logias en Francia y en España y contribuyó notablemente al desarrollo de la francmasonería en el Caribe, de donde eran originarios sus padres Félix y Eugénie Eboué. Su madre fue la primera mujer negra elegida en el *Paláis-Bourbon* y su padre Félix Eboué, originario de la Guayana, nombrado en 1940 gobernador general del África Ecuatorial Francesa. Mujer comprometida, resistente activa durante la guerra, ella fue desde 1961 responsable en la UNESCO del Programa de ayuda a los Movimientos de Liberación Nacional y de lucha contra el apartheid en África. Fue la esposa del primer presidente de Senegal Sédar Senghor

Con luz propia, se distingue asimismo, la franco-americana defensora de los derechos civiles de las personas de piel negra e integrante de la resistencia francesa en la segunda guerra mundial, Joséphine Baker (1906-1975). Cantante, bailarina y empresaria de teatro, descendiente de una familia pobre de Missouri, llegaba a París en 1925 para actuar en el Teatro de los Campos Elíseos con la liberal *Revista Negra*, donde se convirtió en una celebridad. Poco tiempo después fue reclamada en todas las grandes ciudades de los dos continentes, aunque estuvo prohibida en Múnich y fue excomulgada en Santiago. En 1940, la Hermana Joséphine se unió a la Francia libre, sirvió en Argelia como enfermera, como conductora de ambulancias y agente de información, servicios por los que fue premiada —entre otras— con la Legión de Honor. Introdujo el charlestón en el viejo continente, y protagonizó varias películas de éxito como *Le Siréne des tropiques, Zou* o *Princesse Tam-Tam.*

Después dejó los escenarios y se dedicó a la Masonería y a la infancia. Fue iniciada en la Logia *Nouvelle Jerusalém*, de París en 1960. La logia como sabemos, pertenecía a La Gran Logia Femenina de Francia. Esta artista inconmensurable se destacaba por su humanidad y ayuda a los demás. Adoptó 13 niñas y niños de distintas razas y los albergó en el castillo de Milandes. Fue ayudada económicamente por Grace Kelly cuando esta era ya soberana de Mónaco. En 1965 festejó sus cincuenta de carrera artística. Tenía 68 años.

SUIZA

El año 1964, la Gran Logia Femenina de Francia lleva la Luz a Suiza, gracias a 11 francmasonas que crean una logia en Ginebra, llamada *Lutèce.* En 1970 en Neuchâtel, se crearía la segunda logia. En 1972, francmasonas suizas fundan dos logias independientes de Francia, en Ginebra y en Lausana, y después una tercera —en 1974— también en Ginebra. Estas tres logias crean en 1976 una Obediencia que toma el título de Gran Logia Femenina de Suiza — Confederación de Logias y de Ritos. Dos logias más serían abiertas bajo los auspicios de la Gran Logia Femenina de Francia, en 1977 y 1981; otras cuatro bajo la Gran Logia Femenina de Suiza en 1977, 1982 y 1983. En 1985, cuatro logias de la Gran Logia Femenina de Francia se independizan y forman, temporalmente, la Gran Logia Femenina de Helvecia. Ese mismo año, la unión de todas las logias femeninas de Suiza se hace realidad: las 4 logias del territorio helvético, agrupadas en la Gran Logia Femenina de Helvecia, y las otras 7 pertenecientes a la Gran Logia Femenina de Suiza, forman una sola Obediencia, bajo el título de Gran Logia Femenina de Suiza.

BÉLGICA

Las primeras logias belgas, *Egalité e Irini,* habían nacido en Charleroi, en 1973, y en Bruselas en 1974 auspiciadas por la Gran Logia Femenina de Francia, seguida por otra en Lieja. Estos cuatro talleres consiguen su autonomía en 1981 para constituir la Gran Logia Femenina de Bélgica. Actualmente la conforman 34 logias. Fuera del país tienen cinco logias en Copenhague, dos en Nueva York, una en Washington DC y otra en Los Ángeles. Una de sus logias inicia a mujeres que viven fuera de Bélgica. La Gran Logia Femenina de Bélgica es una Federación de Logias que trabajan en los tres primeros grados de la masonería simbólica. En tanto, como obediencia, la Gran Logia Femenina de Bélgica trabaja con el Rito Escocés Antiguo y Aceptado, el Rito Francés Restablecido, o el Rito Francés.

LA PENÍNSULA IBÉRICA

En el año 1995, la Gran Logia Femenina de España celebró simultáneamente su 10° Aniversario y el 50° Aniversario de la primera masonería femenina regular, aunque como señala Ana Mª Lorente —ex Gran Maestra—, la masonería femenina libre no se constituye hasta 1984, precisamente en Barcelona (Logia Luz Primera), con ayuda de la Gran Logia Femenina de Francia. En los últimos tiempos han levantado columnas varias logias únicamente femeninas: la independiente Isis Sabiduría, en Barcelona; la Logia Templanza, en Madrid; así como otras en Girona, Zaragoza, Andalucía y Asturias. Posteriormente se creó la Federación Española de la Obediencia Femenina, que las agrupa a todas.

Las primeras logias femeninas portuguesas, *Unidade e Matria* y *Lusitania* se crearon en Lisboa en 1983 y 1988. Posteriormente se crea La Gran Logia Femenina de Portugal, en abril de 1997, con 4 logias. Hoy suman 11, repartidas por todo el país.

ARGENTINA

En la década de 1990 surge la Gran Logia Femenina de Memphis-Misraïm en Argentina con sede en Tucumán, siendo este un Rito del cual existen actualmente otras ramas mixtas en varios puntos del país. Carmen Daester es su Gran Maestra de desde su instalación y es también una de las fundadoras de la Confederación Interamericana de Masonería Simbólica (CIMAS).

En 1997 se establecerá en Buenos Aires la primera Logia compuesta sólo por mujeres, bajo el nombre de Tres Rosas. En el año 2000 se fundara la Logia Aurora del Plata, y en 2002 la Logia Cibeles, con la que finalmente se crea la Gran Logia Femenina en julio de ese año, destacándose desde sus inicios la figura de la escritora Norma Mazur, *masona visible.*

MÉXICO

En 1935 algunos hermanos de la Logia Reforma 33 nº 5, iniciaban en la Masonería escocesa un grupo de mujeres progresistas, médicas algunas de ellas, formando la Logia Alma Mexicana nº 9. En 1945 pasan a formar parte del Rito Nacional Mexicano y en 1965 se constituyen como Gran Logia Independiente practicando el Rito Escocés Antiguo y aceptado con el nombre de Gran Logia Unida Femenina Alma Mexicana, el que conserva aún, conformada hoy por 52 Logias Simbólicas Femeninas —de las cuales 18 trabajan en la capital federal y el resto en 16 estados de la República Mexicana—. A partir de aquel momento, la Gran Logia fue incrementando el número de logias bajo su jurisdicción. En 1969, existían 10 logias —dos en el extranjero (San Diego y Los Ángeles, California). Posteriormente se fueron creando nuevas logias en la capital y en los estados, además de una logia en Venezuela. En 1988 se concede gran carta patente a las logias del Estado de Michoacán, fundándose la Gran Logia Femenina Cuerauaperi y en 1990, se concede gran carta patente a las logias del Estado de Veracruz, fundándose la Gran Logia Femenina Luz y Armonía. En 1996 se forma la Confederación de Grandes Logias Femeninas del Continente Americano, con tres grandes logias femeninas, siendo una de las tres fundadoras, la Gran Logia Unida Femenina Alma Mexicana. En ella levantó columnas la Logia de Estudios Masónicos Magdalena Sánchez de Alzaga. Las maestras masonas participan con entusiasmo y responsabilidad en los diferentes cuerpos que integran el Supremo Consejo Femenino de México, del Rito Escocés Antiguo y Aceptado, junto con masonas de otras grandes logias femeninas de la República Mexicana. La Gran Logia Alma Mexicana mantiene tratados de respeto, apoyo y autonomía con el Supremo Consejo Femenino de México (solamente Francia y México poseen Supremos Consejos Femeninos de dicho rito).

VENEZUELA

En 2005 las masonas venezolanas —y españolas— recibieron su carta patente para convertirse en Oriente nacional. Se creó la Gran Logia Simbólica Femenina de Venezuela, con las logias América, en Mérida; Despertar, en Barquisimeto y Puerta del Sol, en Caracas. La presencia de la mujer en la masonería venezolana data de principios de la década del 50 del siglo XX. En una división sufrida por la orden, en 1956, los masones de Maracaibo habían considerado aceptar a la mujer dentro de las logias, pero mediante el rito de Adopción.

REPÚBLICA DE CHILE: LAS INSTALADORAS AMBULANTES

En el país andino trabaja la Gran Logia Femenina de Chile que recientemente celebró su cuarto siglo de existencia en Santiago. A la celebración asistieron personalidades de logias de Bolivia, Argentina y Uruguay; representadas por sus respectivas Grandes Maestras, junto a las representantes de la Gran Logia de Chile, de la Gran Logia Mixta de Chile, y del Gran Oriente Latinoamericano, que comparten ideales y valores apreciados por la masonería, entre ellos el de la libertad de escoger la forma en que se practica la vida en los Talleres. La Gran Logia Femenina de Chile es la autoridad central y suprema que gobierna los tres grados simbólicos de la masonería femenina en la república andina. En el campo jurisdiccional, no obstante, puede extenderse como potencia masónica, más allá de los límites territoriales nacionales. Sus orígenes están relacionados con la fundación de la primera logia femenina Araucaria N° 3, en enero de 1970. Esta logia, junto a otras tres de varones, constituía la Gran Logia Metropolitana, adscrita al Benemérito Rito Nacional Mexicano. La crisis económica que se vivía en esos años en el país, lamentablemente, también afectó a la Gran Logia Metropolitana de Chile, que debió abatir columnas. Las mujeres ya iniciadas continuaron, con gran esfuerzo, el trabajo masónico. En 1971 Araucaria se convierte en la n° 1 y se fundan otras como la Logia Acacia n° 2 en 1983, y la Logia del Valle de Rancagua, que sería la n° 3. Ello permitirá fundar la Gran Logia Femenina de Chile ese mismo año. Pronto, se sumaría una nueva logia, en 1985, bajo el nombre de Atenea. Hoy cuentan con logias en Santiago, Viña del Mar, Quillota,

Concepción, Talcahuano, y tienen trabajos masónicos femeninos en La Serena, Temuco, Valdivia, Puerto Montt y Punta Arenas.

URUGUAY

El 7 de junio de 2004 levantó columnas, en el Valle de Montevideo, la primera logia femenina de la República Oriental del Uruguay, con el nombre de «Fe No. 17», dependiente de la Gran Logia Femenina de Chile. Lo consiguieron siete Maestras Masonas con un grupo de nuevas integrantes que se sumaron al desafío. A finales del año 2006 se funda la segunda Logia y al instalar la tercera en junio del año 2007 la Gran Logia Femenina de Chile otorga a Uruguay la Carta Constitutiva de Gran Logia Femenina del Uruguay.

MARRUECOS

La Gran Logia Femenina de Marruecos es una potencia masónica soberana e independiente, cuya creación ha sido iniciada desde el encendido de luces de la logia Al Ain en 2004 por la Gran Logia del Marruecos, y entró en vigor en 2008. Está dedicada por completo a su patria y a la autoridad suprema de su país y pone en práctica los fundamentos de la Masonería para el desarrollo del ser humano en general y el de las mujeres marroquíes en particular. La Obediencia Femenina está abierta a todas las mujeres sin distinción de nacionalidad, raza, religión, opinión o posición social, siempre que ellas sean garantes de moralidad, integridad y honestidad. La Gran Logia Femenina del Marruecos respeta la soberanía e independencia de las demás potencias masónicas: *Nuestro lema: Juntos por la humanidad*

La Gran Logia Femenina de Marruecos es una Federación de logias. Trabajan de acuerdo con su Constitución y se basan en su Reglamento general que democráticamente aprobaron en Asamblea, según el rito escocés antiguo y aceptado. Las logias son libres de elegir otros ritos.

Desde la independencia de nuestro país, la sociedad marroquí con todos sus componentes, no dejó de desarrollarse tanto social, política, económica y culturalmente. Las Mujeres marroquíes son conscientes de sus derechos y deberes en esta dinámica. Además, Marruecos siempre ha estado abierto a las corrientes de pensamiento de otros pueblos, promoviendo una cultura de fraternidad y paz entre los hombres, valores que son comunes a la francmasonería.

De hecho, la Francmasonería es un espacio donde las mujeres pueden desarrollar virtudes universales del humanismo, lo que le permite llevar a cabo su papel como constructoras de nuestra sociedad, para la promoción del desarrollo global y la transmisión de valores culturales.

PANORAMA MUNDIAL

Actualmente, existen en el mundo por lo menos 43 grandes logias exclusivamente femeninas, distribuidas en más de 31 países, e integrando a una población efectiva de aproximadamente 50.000 masonas, dentro de un número aproximado de 1200 logias exclusivamente femeninas (en estas cifras no se incluye a las masonas que participan en la masonería mixta). De estas grandes logias, 36 funcionan con el Rito Escocés Antiguo y Aceptado, 2 funcionan con el Rito Emulación (la Orden de las mujeres Francmasonas —más de 500 logias— y la Honorable Fraternidad de Antiguas Francmasonas —más de 30—), 1 funciona con el Rito Nacional Mexicano y 2 con el Rito Memphis y Misraïm.

Algunas grandes logias femeninas funcionan con varios ritos, como la Gran Logia de Femenina de Francia (con más de 300 logias), que funciona en un 70 % de sus logias con el Rito Escocés Antiguo y Aceptado, un 30% con el Rito Francés, una con el Rito Escocés Rectificado y una logia con el Rito de Adopción.

Después de las dos grandes logias femeninas de Inglaterra, y de las de Francia y Bélgica, la Gran Logia Alma Mexicana integra al mayor número de logias en el mundo (5º lugar). Considerando el ritmo de crecimiento, la Gran Logia Alma Mexicana ocupa el tercer lugar mundial, únicamente después de la Orden de las Mujeres Francmasonas de Inglaterra y la Gran Logia Femenina de Francia. Existen además algunas logias femeninas en Asia y

África, Australia y Canadá, vinculadas a grandes logias femeninas europeas. En América existen por lo menos 30 grandes logias femeninas, de las cuales 14 funcionan en México y 16 funcionan en Sudamérica. Para facilitar la propagación de la tendencia femenina en el mundo se ha dispuesto por parte de algunas Grandes Logias Femeninas el mecanismo de crear *logias itinerantes* que viajan al lugar en que existen mujeres con deseos de ingresar a la Orden. Cuando existe la posibilidad de levantar las columnas de una logia *Justa y Perfecta*, lo hacen bajo su jurisdicción. Luego esperan que el nuevo Taller crezca, les ayudan a crear dos o más logias para finalmente fundar una nueva Gran Logia Femenina. Entre las más activas en esta política, parece estar la Logia Rosa de los Vientos, creada en París el 12 de marzo de 1978, bajo los auspicios de la Gran Logia Femenina de Francia, que se dedica a la iniciación de mujeres en todo el planeta, y la Gran Logia Femenina de Chile. En América Latina, ésta ha podido contactar con agrupaciones solo femeninas y, desde 2000, ha logrado hacerlo con México, Puerto Rico, Venezuela y Brasil. A esto se suma la formación de logias y obediencias en Argentina, Bolivia y Uruguay, así como el auspiciado en Cuba y Panamá de logias femeninas.

En 1995 se celebró el Primer Congreso Masónico Femenino Internacional y el 3 de octubre de 1999 el Segundo. El impulso de la Masonería Femenina es tan fuerte, que en solo la década de los 70 del siglo XX se levantaron las Columnas de 76 Logias de este estilo en el territorio de Francia, y al cerrar el año 2005 la principal Obediencia Femenina francesa contaba con 11.500 Masonas activas, un guarismo cuatro veces superior al del total de los Masones que ostenta Colombia, y mayor que el del número de Masones de los cinco países independizados por Simón Bolívar, por ejemplo.

EL PORQUÉ DE UNA MASONERÍA FEMENINA: LA *SORORIDAD*

La razón de ser, de existir, y el crecimiento de la masonería femenina se debe a la concienciación de las mujeres: a pesar de haberse conseguido un estatus jurídico de Igualdad, la sociedad del siglo XXI todavía continua siendo muy patriarcal.

Es lógico habiendo llegado hasta aquí plantearnos la pregunta: ¿por qué una masonería femenina?

La especificidad femenina no significa que las masonas se aparten de los hombres o se nieguen a trabajar con ellos puesto que esta actitud no tendría ningún sentido en una sociedad mixta por antonomasia. Esta elección responde entonces a la necesidad de encontrar un tiempo, un espacio de reflexión y de palabra propio y que les permite tomar plenamente conciencia de su identidad femenina y de su responsabilidad en el desarrollo del papel de mujer en el mundo. O como lo expresaba Jean Rostand, *si te niegas a tu propio combate, los demás te convertirán en el combatiente de una causa que no es la tuy.*

Según la Gran Logia Femenina de Francia, la finalidad de una Logia estrictamente femenina, no consiste en aislar a las mujeres:

> *No hay que olvidar que la mujer ha vivido en un mundo elaborado por y para el hombre. Para poder estudiar todos los problemas y llegar hasta lo más profundo de sí misma, sólo puede trabajarse entre mujeres, ya que lo que se necesita es repensar los problemas desde el ángulo específico femenino. Así pues, las mujeres trabajan solas, para reunirse después con los hombres, abordando los problemas comunes en un plano de absoluta igualdad. Estos pueden asistir a las reuniones de las Logias de la Gran Logia Femenina de Francia, como visitadores.*

Por otro lado, y desde otro punto de vista, las Masonas del Derecho Humano consideran que la presencia de hombres que exponen sus pareceres, y la presencia de mujeres que después de escuchar, opinan a su vez, permite que la mujer progrese más rápidamente. La otra diferencia, entre la Obediencia femenina y la Obediencia mixta, consiste en que la Orden y los trabajos de aquélla están dirigidos sólo por mujeres, mientras que en ésta última, hombres y mujeres se reparten los puestos; y de ahí que en la práctica puedan plantearse algunos problemas no difíciles de superar.

En realidad, sea cual fuere la Obediencia, al trabajar por su propio perfeccionamiento, en el ambiente particular de su Logia, las Masonas están persuadidas de que por la educación que pueden dar a sus hijos e hijas, por su comportamiento, la Humanidad podrá progresar y conocer, merced a la Tolerancia, la Libertad, la Paz y la Justicia.

En la actualidad existen en el mundo varias Obediencias estrictamente Femeninas Independientes, de Rito Escocés Antiguo y Aceptado en 24 naciones: Francia, Inglaterra, Bélgica, Suiza, España, Luxemburgo, Canadá, Isla Mauricio, Guadalupe, Martinica, Togo, Costa Marfil, Gabón, Venezuela, Brasil, México, Italia, Portugal, Chile, Estados Unidos, Alemania, Hungría, Rumania y Turquía, con logias en otros seis: Puerto Rico, Polonia, Rusia, la República Checa, Perú y Bolivia. Ninguna de ellas de adopción.

La Orden de la Gran Logia Femenina de Francia, la más numerosa, está presente en el conjunto del territorio metropolitano francés; en los departamentos y territorios de Ultramar: Martinica, Guadalupe, Guyana, Isla de la Reunión, Tahití y Nueva Caledonia; en seis países de Europa: Luxemburgo, España, Alemania, Hungría, Polonia y la República Checa; en seis países de África: Togo, Camerún, Costa de Marfil, Gabón, Congo y Benín, así como en la Isla Mauricio; en ultramar, también está presente en Venezuela y Quebec. Y faltan datos de otros municipios de un total de treinta países con Masonería femenina practicando el Rito Escocés Antiguo y Aceptado, de idéntica manera como lo hacen las Grandes Logias masculinas y mixtas que lo han adoptado para sus liturgias.

En el Reino Unido de Gran Bretaña, mayoritariamente en Inglaterra, continúa sus trabajos —desde 1908— la Gran Logia Femenina más grande del mundo con más de ciento cincuenta mil miembros, La Orden de las Mujeres Masonas, *The Order of Women Freemasons*, cuya primera semilla había plantado Annie Besant (Derecho Humano y Co-masonería).

Actualmente hay en el mundo poco más de dos millones de mujeres afiliadas, realizando una obra filantrópica y de ayuda social, superior, por ejemplo, a la de toda la Masonería masculina de cualquier país, sumados masones regulares y liberales.

XII

... y las rebeldes «irregulares» del XXI

La masonería de la Europa continental y la inicial de América Latina, como «sector» de la Orden, posee valores más universales; por eso fue receptiva al ingreso de la mujer. En ambas, la Orden tuvo como referentes: la Revolución Francesa, la independencia de las naciones americanas, la Declaración de los Derechos Humanos, la exigencia opcional en la creencia en un Dios o Ente Supremo —el Gran Arquitecto del Universo— y en la inmortalidad del alma, y una opción laica —sobre todo en los países de mayoría católica, donde la hostilidad de la iglesia ha ayudado a fortalecerla.

El carácter hermético de la Orden de los Constructores, la del Arte Real, la de la Geometría, la Francmasonería o la Masonería, ese halo de misterio que lleva implícito lo desconocido, más otras cuestiones suscitadas en el mundo «profano» —como así se denomina al de los no iniciados— ha dado pie a su «leyenda negra», pero sobre todo ésta fue injustamente magnificada y fomentada durante los años de la dictadura franquista. No ha sido hasta la España democrática, después de la Constitución de 1978, cuando se han vuelto a abrir las puertas de los templos masónicos. Todavía en los archivos de Salamanca, permanecen todos los archivos de las Logias Españolas del Derecho Humano y de casi todas las otras, junto con los expedientes personales de decenas de masones y masonas, muchos de los cuales fueron asesinados o encarcelados simplemente por pertenecer a la Orden. También permanecen allí joyas, ornamentos, collares y mandiles de los hermanos y hermanas, lo que para muchos miembros de la masonería española es simbólicamente más grave. Un Serenísimo Gran Comendador de una de las obediencias manifestaba no hace mucho:

> *Visitar Salamanca para nosotros es triste. No podemos olvidar que detrás de esos mandiles, collares o bandas había seres humanos que fueron cruelmente represaliados por ser miembros de la Masonería.*

Sin embargo, los archivos recuperados de Moscú han proporcionado alegrías como por ejemplo el Testamento filosófico de María Deraismes. Afortunadamente.

Las logias españolas herederas de la tradición de las logias mixtas vuelven a contar con presencia femenina en casi cien años, en sus templos se inician y forman con normalidad Hermanas de pleno derecho. Que esta tradición no se interrumpa nunca más.

El panorama actual de obediencias masónicas en España es plural, con presencia de obediencias adscritas a diversas corrientes de regularidad. Las hay liberales, conservadoras, tradicionales, laicas, deístas, esotéricas, cristianas, de ámbito regional, nacional o internacional, masculinas, mixtas y femeninas. A la carta. ¡Viva la Libertad! Hoy mujeres y hombres pueden elegir libremente el templo adecuado para construir su edificio interior y pulir su piedra bruta, escalando peldaños hacia la Luz, el Conocimiento y la Sabiduría.

En 1980 se fundó la Gran Logia Simbólica Española, que es mixta. Dentro de la GLSE destacan como figuras femeninas las dos mujeres que han llegado a su cumbre como Serenísimas Grandes Maestras: Ascensión Tejerina, y la actual, Nieves Bayo. *De las dos tendencias masonas —las auto-denominadas regulares y las llamadas liberales—, la primera cumple con la tradición y no admite mujeres, mientras en las liberales hay logias exclusivamente masculinas, otras solo femeninas y también mixtas,* según explica Rosa Tur, historiadora de la masonería y ex Gran Maestra de la Gran Logia Femenina Española.

En el Estado español están también presentes las obediencias de carácter internacional, como el Gran Oriente de Francia, que muy recientemente, mientras este libro se estaba realizando, ha aceptado por fin que las mujeres puedan trabajar en sus templos. Hasta ahora, el GOF no admitía que las féminas *pulieran su piedra bruta* excepto... de visita.

La orden masónica mixta internacional El Derecho Humano, cuya federación española fue fundada en 1979, es heredera de la que existió en España hasta 1938. Es la primera y, por tanto, la más antigua de las obediencias mixtas del mundo, presente en más de 2.000 Logias, en 75 países de todos los continentes. Hoy en día, las Logias de la Federación Internacional del Derecho Humano trabajan en su propio idioma, aunque la Orden tiene tres idiomas oficiales: inglés, francés y español. Las Federaciones francesa y belga son las más importantes en número. Luego, están constituidas (según los Reglamentos) otras Federaciones (brasileña, holandesa, británica, española, portuguesa, griega, americana, islandesa, finlandesa, austríaca, escandinava, suiza, italiana, sudafricana, neozelandesa o chilena); jurisdicciones nacionales (Polonia, Argentina, Israel, Canadá, Bulgaria, Costa De Marfil, Camerún, Alemania, América Central y Caribe y Méjico) y las logias pioneras de Luxemburgo, Europa del este, África, América del sur, Océano indico, etc.).

CUBA: LAS PIONERAS CON MANDIL

En Cuba se desconocía la existencia de logias masónicas femeninas, hasta los primeros meses de 2008, cuando un grupo de cubanas fueron iniciadas como *Aprendizas* masonas. De ellas, varias fueron seleccionadas para ser ascendidas y exaltadas al grado de *Maestras*, tras lo cual quedaron constituidas oficialmente dos logias, consagradas por la gran potencia auspiciadora de las masonas cubanas, la Gran Logia Femenina de Chile. Este proceso se había iniciado en 2001. Previamente, la Gran Logia Femenina de Chile había acordado auspiciar esta iniciativa, que aprobó la Oficina de Asuntos Religiosos del Comité Central del Partido Comunista de Cuba para efectuar las actividades y trámites organizativos.

Hoy, la *hermana* menor tiene 19 años y la mayor más de 62. Sus profesiones y oficios son diversos: médicas, psicólogas, arquitectas, cantantes, estudiantes universitarias, técnicas, amas de casa. Por ahora son casi cincuenta las mujeres que, desde hace poco, integran las dos primeras logias masónicas femeninas de Cuba, tras vencer no pocas dificultades. El ritual de instalación se llevó a cabo en un local facilitado por una iglesia bautista, a falta de una sede propia para el funcionamiento de la Logia habanera. Digna Gisela Medina, Venerable Maestra de la Logia Venus, afirmó a su vez que unas 60 compatriotas aspiran a iniciarse en la masonería : *«La mujer cubana se impone y tiene un lugar en la sociedad, ¿por qué no tenerlo también en la masonería?»,* dice Milagros Rodríguez, profesora de geografía y también *masona visible,* Venerable Maestra de la Logia Victoria nº 24, de Pinar del Río, instalada, al igual que la Logia Venus, nº 23 de Ciudad de La Habana, por sus Hermanas chilenas que llegaron con tal fin, a la capital cubana, encabezadas por la Serenísima Gran Maestra Oriana Valdés.

Llegar hasta ese momento no fue fácil para las cubanas. Un Comité gestor de la masonería femenina en Cuba, presidido por la médica Digna Gisela Medina, comenzó en 2005 la meticulosa labor previa de organización, seguida de cerca por las masonas chilenas:

> *Ha sido un trabajo muy delicado, complicado, porque hubo que hacer todos los preparativos para la fundación de logias masónicas femeninas en un país donde no había mujeres masonas.*

En la realización del proyecto no faltaron dificultades, como cierta resistencia entre sectores más conservadores de la masonería masculina, no como postura oficial adversa del organismo masónico, sino de «corrientes de pensamiento» contrarias que no significaron una «traba» en el camino organizativo. *Personalmente, pienso que la masonería ha perdido vigencia en el mundo por excluir a la mujer,* indica un viejo masón cubano con oficio. La polarización política que acompañó los primeros años del proceso revolucionario encabezado por Fidel Castro condujo al debilitamiento de la institución, especialmente por el éxodo de muchos de sus miembros. Pasada esa etapa, la masonería comenzó a crecer nuevamente hasta contar hoy con unos 30.000 afiliados y 316 logias. La masonería cubana, que data de 1859, es «popular» en Cuba debido a sus raíces, ya que la generalidad de los luchadores independentistas eran masones, entre ellos José Martí. El auspicio de la Gran Logia Femenina de Chile liberó de cualquier compromiso a la Gran Logia Masculina de Cuba, que arriesgaría su regularidad y el reconocimiento de las Grandes Logias con las cuales tiene relaciones interpotenciales si aceptara mujeres entre sus miembros. El Comité Gestor cubano centra ahora sus esfuerzos en la creación de una tercera logia, condición que les permitirá constituir su Gran Logia Femenina de Cuba. El apoyo y asesoría de las chilenas continuará hasta que ese día llegue. Y mientras tanto, no todas las iniciadas, por miedo a represalias, pueden dar su nombre, pero sí sus opiniones, firmes, contundentes, como golpes de mallete:

> *No pretendemos formar una élite intelectual ni de ningún tipo, pues ello sería incoherente con determinados principios de la institución, pero —lógicamente— exigimos que las aceptadas estén en condiciones de comprender y realizar la obra de la masonería. Las masonas cubanas pretendemos crecer como personas y también institucionalmente, como asociación organizada dentro del contexto de la realidad cubana y de la humanidad en general... Mediante nuestro trabajo masónico, queremos darle la oportunidad a la mujer cubana para que en ella aflore su vocación de iniciada, Es el camino hacia la autorrealización, la información sintonizada con su tiempo y su entorno, que le permita trabajar por la transmutación hacia una personalidad armónica y positiva, que logre así sacar lo mejor de ella misma, con una capacidad que le permita su auténtica identidad. Persistimos en nuestro empeño porque estamos fortalecidas por la convicción del aporte que significará para la mujer cubana acceder al trabajo masónico, en favor de su desarrollo integral y de esta manera pueda orientarse mejor en la búsqueda de su verdad personal, que contribuya a trascender el rol familiar y laboral que la ciega y la ata, y la enseñe a planificar mejor su momento, su espacio, para vivir las especiales circunstancias —cada vez más complejas y exigentes— en que se desarrolla la vida en la sociedad actual. Es una tarea constante integrar todos estos desafíos tanto en el orden personal como social.*

URUGUAY

La mujeres uruguayas, recién estrenado el año 1950 comenzaron a incursionar en el mundo masónico y encontraron hermanos varones que con un espíritu más abierto y una comprensión más trascendental de lo que debía ser la Orden, las apoyaron en su intento, pero no fue hasta el año 1972 cuando se fundó la primera logia mixta, bajo los auspicios de la Orden Masónica Mixta Internacional *Le Droit Humain*, la Respetable Logia Eleusis Nº 1206. Luego, a partir de ese año se funda el Gran Oriente Latinoamericano, GOLA, obediencia también mixta, y el Gran Oriente de la Francmasonería Mixta Internacional.

También trabajan en Uruguay las logias mixtas, como las del Gran Oriente de la Francmasonería Mixta Uruguaya (GOFMU), que 'alumbró sus fuegos' y levantó columnas en 1998. El poder ejecutivo de la República en 1999 otorgó a esta obediencia la personería jurídica, lo que le autoriza a funcionar en el cuadro de las leyes nacionales uruguayas. El GOFMU cuenta con trece talleres que trabajan los tres grados universales de Aprendiz, Compañero y Maestro. Dichos talleres trabajan en Rito Moderno (Rito Francés) o en Rito Escocés Antiguo y Aceptado. Su estructura alberga un Gran Colegio de Ritos, organismo autónomo que administra los grados superiores al tercero. El GOFMU integra la Confederación Interamericana de Masonería Simbólica (CIMAS), y de 2005 a 2007 su presidenta fue una mujer, María Echenique San Pedro, su Serenísima Gran Maestra.

Para citar un solo caso: el Gran Oriente Latinoamericano (GOLA) en una reunión de su Gran Consejo de la Orden celebrada en mayo de 2004, dejó de definirse como una Obediencia mixta para en lo sucesivo hacerlo como una Gran Logia de Personas. Indiscutiblemente es una respuesta que la sociedad actual admira y respeta más que la teoría que sostiene que la Masonería es una Orden conformada exclusivamente por hombres, en donde las mujeres solo pueden adelantar obras benéficas de apoyo.

Esto es algo crucial, porque de la forma en que perciba el mundo contemporáneo a la Masonería, dependen las posibilidades de que ella progrese. Si esas calificaciones son favorables, crece significativamente la probabilidad de contar con más y mejores aspirantes. Si no, el futuro se hace más difícil de prever.

BRASIL

Siempre ha sido difícil recabar datos sobre los hermanos y hermanas constructores de este país, y pese a contar entre sus columnas en los años 20 del pasado siglo con figuras como María Lacerda, no existía masonería mixta excepto la federación del Derecho Humano. Hasta que en Sao Paulo, Alfredo Cabral, masón perteneciente al gran Oriente de Brasil después de haber ocupado el cargo de gran Inspector General dio el primer paso. Era partidario del movimiento francmasonería mixta —tan desarrollado en los países europeos y en los Estados de Norteamérica y Centroamérica—, y basado en el liberal y democrático pensamiento de que todos somos iguales ante la ley. El hermano Cabral no entendía la razón por la cual la mujer brasileña era excluida de los misterios masónicos cuando en la sociedad actual se desenvuelve en todos los sectores de las actividades humanas. Así, se unió con hermanos que defendían la misma causa y en mayo de 1968 decidieron fundar La Serenísima Gran Logia Simbólica de la Francmasonería Mixta del Estado de São Paulo, legalmente inscrita en el registro, y compuesta con las logias, Alétheia , Hiram Abif, y Acacia. Como secretaria de la obediencia fue designada la hermana Lina Libmoff maestra masona y como gran maestro, Alfredo Cabral.

TURQUÍA: LA RESISTENCIA DE LA LAICIDAD

La Grande Logia de los Masones Libres de Turquía tiene presentes los principios universales de la Masonería y en su carta constitutiva declara:

> *Encontramos desfavorables: las diferencias nacionales, los temas de raza, de idioma, de religión, de secta, de fe, de sexo, de nivel económico, cultural y otras similares diferencias separativas existentes entre las personas...*
>
> *Pensamos que el camino universal de toda la humanidad y de todas las comunidades, habiendo como objeto la paz, la felicidad y la fraternidad, tiene que lograrse abrazándose con amor y con res-*

pecto, sin alguna distinción, entregándose con tolerancia y siempre desarrollados con facultades eficientes. Esperamos de ver en cada fase de actividad estos reflejos eficientes y útiles a la existencia humana. Nosotros, la Grande Logia de los Masones Libres de la Turquía, pensamos que todas las personas, mujeres y hombres, tienen el mismo derecho de llegar a ser masones según el lema principal de la igualdad, que es una obligación natural e inevitable de la existencia humana.

Y en nombre de la dignidad humana (sic) piden continuamente en sus declaraciones públicas ... *que sean modificadas todas las dichas opiniones adversas.*

INGLATERRA Y USA

Actualmente hay en Gran Bretaña dos órdenes mixtas: la *Order of Ancient, Free and Accepted Masons for Men and Women* (Orden de Antiguos, Libres y Aceptados Masones para Hombres y Mujeres) creada en Londres en 1925, y la *Grand Lodge of Freemasonry for Men and Women* (Gran Logia Masónica para Hombres y Mujeres), una Obediencia masónica mixta fundada el 18 de febrero de 2001 que a pesar de su poca antigüedad ha iniciado trabajos con gran fuerza.

Y en Estados Unidos de América, en lo que respecta a las mujeres, hay organizaciones que son logias de Adopción, mixtas o paramasónicas.

De todas formas, y sea cual sea la modalidad de taller o rito escogidos, en la actualidad del siglo XXI de la era común hay que resaltar la labor de muchas masonas que destacan como estadistas, ministras, magistradas, periodistas, escritoras, científicas, políticas, profesionales, artistas, notarias, empresarias, financistas, entre otras que sirven de modelo social, de manera paralela a los hombres que también ocupan esas posiciones.

XIII

Masonería transgénero

En una Institución abierta a todos los progresos, a todas las ideas morales elevadas, a todas las inspiraciones amplias y liberales, los problemas que surgen con el devenir de los tiempos y el avance de las civilizaciones y culturas deben y pueden resolverse.

Los dos casos siguientes dan muestra de ello en distintas épocas y naciones de la inteligencia, apertura y Tolerancia de algunos de los varones masones.

El primero al que me refiero sucedió en una Logia masculina de París: era el mes de marzo del año 2005. Un Hermano Masón activo notificó al Taller que un tratamiento hormonal y una cirugía mayor lo habían cambiado de hombre a mujer, y que otra cirugía facial de feminización había culminado la innovación. Lógicamente, como las leyes francesas penalizan fuertemente la discriminación de género, la República Francesa reconoció a la nueva Hermana como mujer y, en consecuencia, ella pidió a las autoridades del Gran Oriente de Francia que la reconocieran como Masona y no como Masón. En principio le sugirieron que se afiliara a una Obediencia mixta o femenina. Así pasaron los años hasta que a principios de 2010, y presionado ante este absurdo, el Gran Maestro le concedió la calidad oficial de Masona del GOF con la siguiente explicación: su caso no constituía una Iniciación ni la afiliación de una mujer, que era lo que estaba prohibido en la Obediencia francesa en ese momento —la iniciación de las féminas—. Finalmente, cuando el Convento del Gran Oriente de Francia aprobó la Iniciación y afiliación de mujeres y Masonas el 5 de septiembre del año 2010, la Logia a la que pertenece esta Hermana la eligió el 9 de ese mismo mes y año como su Venerable Maestra.

LA INICIACIÓN VARONIL DE LA CONDESA DE APRATXIN

Es curioso como algunos Gran Maestres y Venerables de Logias salvaban la prohibición de iniciar a mujeres. Existe el caso atípico, pero suficientemente documentado, de la ceremonia de iniciación masónica de Doña Julia de Rubio y Guillén *en los Valles de Mantua Carpetana a los 14 días del mes de Thamuz (junio) de 5880, 153 de la Orden en España (es decir el 14 de junio de 1880)*. Entre miembros de la logia Fraternidad Ibérica y visitantes de otras logias, asistieron setenta francmasones cuyos nombres iniciáticos figuran al margen en el acta; la condesa de Apratxin podía sentirse bien arropada en su iniciación. Ella misma, tras ser proclamada aprendiz, escogió el nombre simbólico de *Buda*. La autorización para la ceremonia había sido dada por el Gran Maestre del Gran Oriente Nacional de España, Seoane, ... *En atención a su servicio varonil en el ejército francés, probado en el diploma de Oficial», por lo cual... pláceme acordársele [el grado de aprendiz] no en clase de adopción que no está establecida en nuestra orden, sino en el carácter varonil»*. Caballero Puga cita otro testimonio de Seoane: «[a Doña Julia de Rubio, condesa de Apratxin] *le he concedido más de lo que puedo, más de lo que puede conceder un Parlamento Inglés, de quien dicen que es omnipotente menos para hacer de una mujer un hombre.*

Es evidente que si Julia Apratxin fue iniciada en las logias lo fue a costa de ser «masculinizada», gracias a sus servicios «varoniles», eludiendo la problemática cuestión objetiva de su sexo.

MADELEINE PELLETIER (1874-1939)
Y *SON TAILLEUR GARÇON*

Esta teórica de la identidad sexual fue *Doctor* en medicina, militante neo maltusiana; feminista y pacifista, socialista y luego comunista, pero sobre todo fue una masona muy activa. Hoy es una mujer estudiada en diferentes departamentos de *Women Studies* de varias universidades.

Los grabados de su tiempo nos muestran una mujer bajita, regordeta de formas y vestida con traje masculino, tocada con un sombrero *melon* y apoyada en un bastón, como a los dandis de la época les gustaba ser representados.

Nació en París, donde pasó su infancia en la miseria realizando sus estudios primarios en una escuela religiosa. A partir de la edad de trece años, escapándose durante la noche del domicilio familiar, frecuentó a un grupo feminista en el que descubrió «toda una vía luminosa de liberación» y a un grupo anarquista donde encontró a Louise Michel.

Deseando hacer acopio de bagaje intelectual, Madeleine pasó su bachillerato en filosofía. Entra en la Escuela de Medicina en 1899, a la edad de veinticinco años, y será la primera mujer que logra ser médico asistente en París. Quiso postular como médica internista de manicomio, pero se rechazó su entrada. En 1904,

una campaña de prensa organizada en su favor por algunos periódicos y el apoyo de Margarite Durand le permitió conseguirlo y la hizo famosa a pesar de sufrir dentro una guerra incesante: las enfermeras observaban *«confundidas al personaje extraño que era una mujer médica como los hombres»*.

Se la persiguió por su apariencia física, juzgada escandalosa: cabello corto y prendas de vestir masculinas que llevó toda su vida, teorizando su masculinización: *«Mi traje dice al hombre: yo soy tu igual»*.

Madeleine fue sin duda una mujer valiente defendiendo su travestismo, una adelantada a lo que hoy se conoce como *movimiento queer*. Su *look* masculinizado que la convertía a los ojos de la sociedad en un ser andrógino reflejaba igualmente sus ideas: *«Os mostraré los míos [los senos] tan pronto como los hombres empiecen a vestirse con una especie de pantalón que muestra su...»*. También defendió la castidad como medio para salir de una sexualidad donde se expresa la dominación masculina. Defendía una virginidad militante, posición marginal en el movimiento feminista, opinión que compartía con su colega Arria Ly. Pretendía así significar su negativa tanto al matrimonio como al amor libre. Estas acciones fueron vistas como un ataque contra la identidad sexual.

En 1904, Madeleine pidió su admisión y es iniciada en la logia La Filosofía Social de la GLSE Derecho Humano. Tenía treinta años. Después se afiliará a la logia Diderot, donde será elegida más tarde Venerable Maestra. Además del sentido iniciático- espiritual de la Orden, para ella se trataba de una escuela de iniciación política donde, acompañadas por intelectuales y libres pensadores, las mujeres podrían hacer su educación ideológica. En cuanto se inició, organizó una campaña en los medios masónicos con el fin de abrir a las mujeres las logias regulares. Encontró muy vivas oposiciones, debido a la sospecha de que las mujeres estaban comprometidas con la religión y la reacción. Fue obligada a dejar la Orden. Su salida fue utilizada por el Gran Oriente de Francia para justificar su política de exclusión de las mujeres.

En 1906 aceptó dirigir al grupo feminista «La Solidaridad de las Mujeres», fundado por otra feminista, Eugénie Potonié-Pierre, y que apoyaba todas las candidaturas de las «sufragistas» sin distinción de partido. Se distinguió en la batalla para el sufragio femenino e ideó el lema: *«La mujer debe votar, sufre las leyes y paga los impuestos.»*

Sensibilizada con la miseria social debido a sus orígenes, Madeleine Pelletier compartió los ideales del socialismo pensando vincular la emancipación de las mujeres con la emancipación general. Fundó durante el invierno 1907-1908 el mensual feminista *El Sufragista*. En 1912, escribió numerosos folletos cuestionando la familia, fundamento de la soberanía material e ideológica de los hombres sobre las mujeres; denunciando el matrimonio, que concibe a la mujer como «el objeto» de un hombre, predicando la libertad sexual vista como la libertad de estar de acuerdo o rechazar una relación, abogando por el derecho al fracaso y a la contracepción. Definiéndose como una feminista íntegra, reivindicó todas las emancipaciones: políticas, económicas, sociales, intelectuales, sexuales.

Dejó una impresionante serie de artículos masónicos en la revista *La Acacia* y en *El Boletín Masónico*. Sus temas preferidos: la hipótesis de Dios y la no admisión de mujeres en la masonería («regular»). En este sentido, para ella era una paradoja:

> *Son los círculos burgueses los que son menos resistentes al feminismo. En cambio, la masonería, que escribe en su bandera 'libertad, igualdad, fraternidad, justicia para todos' rechaza de su seno al sexo 'indigno', dice que la mujer es un ser inferior, y que entre ésta y la sociedad está su marido»*. Continuaba sus tesis observando que «*a pesar de su espíritu retrógrado, la iglesia ha dado a la mujer un cierto lugar*». Para Pelletier ya era el momento para la francmasonería de abrirse a las mujeres: «*Admitiendo a la mujer en la masonería, incluso con carácter excepcional, los masones mostrarán que su lema de fraternidad y justicia no es un engaño. Entonces la francmasonería tomará realmente posición en el camino de liberación para toda la humanidad. Y las hermanas masonas completarán la descristianización de Francia.*

Después de 1922, según las profesoras belgas Françoise Hecq y Danielle Schoonooghe, expresa indiferencia a la Orden del Derecho Humano. En una carta escribió: «*Es la clase pequeña de la masonería y no vale la pena*». Ella, como buen «masón», esperará toda la vida ser admitida en el masculino Gran Oriente de Francia «*que es la fracción más interesante de la masonería*». En lo referente a esto, también ella se convirtió en una radical pionera (hoy ya es posible para las mujeres trabajar en el GOF).

Tras la guerra, colaboró en *El Libertario* escribiendo artículos sobre el antimilitarismo, el neomaltusianismo, la educación del proletariado, la liberación de la mujer sin que, sin embargo, suscribiera el movimiento: *«Nuestra colaboradora no es anarquista, ella misma se defiende por otra parte»*.

Reconociendo que todas las tentativas para combinar feminismo y socialismo o comunismo habían hecho quiebra, tomó distancias con los partidos políticos y no colaboró ya más en la prensa libertaria. En 1933 se adhirió a la Agrupación fraternal pacifistas íntegros «Mundia». En 1939, ya con sesenta y cinco años, fue encerrada en el asilo de Vaucluse, donde murió.

LOUISE MICHEL (1830-1905)

La enérgica virgen roja también señaló sus opciones peculiares portando el traje masculino y travistiéndose, sobre todo en la contienda 'militar'. Su valor y compromiso no debilitaron la reivindicación de utilizar el pantalón. Y es que la Pelletier y la Michel no lo hacían por capricho. Es importante decir —y es un hecho prácticamente desconocido— que en Francia ¡existía la prohibición legal para las mujeres de llevarlo! *«Toda mujer deseosa de vestirse como un hombre debe presentarse en la Prefectura para obtener la autorización»*, estipulaba la ley de 1800. Tal legislación fue aprobada unos años después de la Revolución Francesa, y a comienzos del siglo XX se aprobó una enmienda que permitía a las mujeres usarlo, pero sólo mientras montaban en bicicleta o a caballo. Esta prohibición fue promulgada en París porque fue ahí donde nació en 1792 el movimiento de los *sans culottes,* figura emblemática de la Revolución, donde los revolucionarios reivindicaban llevar pantalón para oponerse a la burguesía, que vestía calzones; sin embargo, a las mujeres les fue formalmente prohibido usarlo.

Tan solo en el mes de febrero de 2013 ha sido derogada en Francia la ley que prohibía a las mujeres parisinas usar pantalón. Najat Belkacem-Vallaud, actual ministra de los Derechos de la Mujer, acabó con la prohibición diciendo que era incompatible con los valores franceses modernos, además de que llevaba décadas sin ser efectiva, al considerar que el edicto es incompatible con los principios de igualdad de sexos inscritos en la Constitución francesa y en el Convenio Europeo de Derechos Humanos.

Sin duda Pelletier, Michel y tantas otras sonreirán tranquilas desde el Oriente Eterno.

Louise Michel.

XIV

Masonería y homosexualidad: aperturismo masónico

LA GRAN LOGIA FEMENINA FRANCESA Y EL LESBIANISMO

Es Francia el país donde la Masonería ha llevado más lejos la tolerancia frente a las personas homosexuales, es decir, gays y lesbianas. En el país de la *Libertad, la Igualdad y la Fraternidad* ya han dado los primeros pasos para reconocer a una pareja lesbiana como tal en el seno de una Obediencia Masónica, y siguiendo ese loable ejemplo esperemos que no falte mucho tiempo para que se den otros pasos que pueden poner en un aprieto a las Grandes Logias y Orientes. Así pues, que sea lo que él o la *GADU*.˙. quiera.

Cuando la discusión sobre la presencia de la mujer en las Logias en igualdad de condiciones con los hombres parecía difícil de conciliar para muchas Grandes Logias masculinas, la agencia de noticias France Press (AFP) lanzaba en sus teletipos a la prensa mundial, en el 2006 de esta era, que La Gran Logia Femenina de Francia recibió entre sus columnas en París a una pareja de lesbianas para la celebración de una *ceremonia solemne de reconocimiento conyugal,* cuestión habitual entre los masones. Dicha ceremonia tradicional permite acoger en los talleres masónicos a los cónyuges, francmasones o no, de los diferentes miembros. Una de las dos mujeres, de sesenta años, declaró que, «*Hacemos esto porque este gesto conlleva una repercusión política, para contribuir al avance de la igualdad de derechos, sin necesidad de ninguna exclusiva*». «*No existe persecución o exclusión en la GLFF, pero no hay posición al respecto, y nuestra idea es que la pareja homosexual sea normalizada*», añadió la citada profesora y francmasona.

A la ceremonia asistieron una gran cantidad de Masones y Masonas de otras Grandes Logias y Grandes Orientes, así como Delegaciones de la GLFF y la Fraternal de los Hijos de Cambacérès, un grupo que reúne a los francmasones homosexuales de todas las Obediencias. De esa manera, todos y todas con su presencia ratificaron un contenido más incluyente que el tradicional para la libertad y el respecto a las diferencias.

La noticia sorprendió por lo novedoso del tema y colocó sobre el tapete el viejo tabú de la Orden de la existencia de homosexuales de ambos sexos en sus columnas. Ya desde hacía un año y motivada por múltiples discusiones al respecto, la misma GLFF había aprobado una reforma constitucional para que las parejas de lesbianas pudieran participar en estas clases de ceremonias sin ningún problema.

La GLFF declara ser la primera obediencia masónica femenina mundial en cuanto a cantidad de afiliadas. Cabe mencionar que, en la actualidad, esta obediencia es la más discreta de todas las que trabajan en Francia, pese a los esfuerzos de ciertos detractores por dar a conocer a la opinión pública los nombres de sus dirigentes, el objeto de sus trabajos, etc., lo que más bien les ha servido para hacerles publicidad, pues la organización ha crecido.

EN LA OTRA ORILLA

Al otro lado del Atlántico, algunos Hermanos latinoamericanos han llegado a manifestar que en su logias fueron objeto de alguna que otra mirada de soslayo, percibieron algún codazo de asombro e incluso alguien le llegó a manifestar su desacuerdo con que el Taller les hubiera admitido por ser gays.

En España, y hablando de la Masonería Mixta, no hay problemas de aceptación de hermanas y hermanos homosexuales, sino que, al contrario, la integración es natural y nadie pregunta ni escudriña qué orientación sexual tiene tal o cual candidato a la iniciación. Las diferentes opciones sexuales son irrelevantes a la hora de calibrar si quien llama a las puertas de los templos masónicos reúne las condiciones requeridas. La homofobia no sólo es —expresamente, en los reglamentos de régimen interior— impedimento para ser aceptado, sino que también constituye falta grave su no aceptación. Por el contrario y al hilo de la situación, es reseñable la expulsión de un hermano gay, periodista además, que estaba de visita en una logia regular madrileña y que fue invitado a irse al conocerse su activismo público.

En Las Logias del Gran Oriente de Francia, Derecho Humano y otras, no es un problema la «cuestión gay», como tampoco lo es la «cuestión heterosexual» o la «cuestión bisexual» ni la «cuestión transexual». Precisamente porque no se hace de ello «cuestión».

PRIMERA FRATERNAL MASÓNICA GAY

No obstante, hay que citar una iniciativa que, surgida en 1999 en Francia, quiso dar respuesta concreta y práctica a aquellos Hermanos y Hermanas gays y lesbianas que sí experimentaban ciertas dificultades en sus Talleres, no de aceptación sino para tratar y debatir en Tenida, de manera natural, ciertos temas alrededor de las diferentes opciones y realidades sexuales que hoy componen la Diversidad Humana. Así nació una Fraternal, *Les Enfants de Cambacérès* que lleva el nombre de Jean-Jacques Regis de Cambacérès, segundo cónsul de la República y uno de los principales autores del Código de Napoleón, todavía hoy base de la legislación francesa. Se presentan así:

> *Administrador General y, después, Gran Maestro-Teniente del Gran Oriente de Francia, Soberano Gran Comendador del Supremo Concejo del Rito Escocés Antiguo y Aceptado, Gran Maestro de los Caballeros Benefactores de la Ciudad Santa e igualmente redactor del Código Napoleón. Habiendo escogido esta figura emblemática, que intervino por la despenalización de la homosexualidad e hizo que dejara de ser considerada como un delito a través de las suce-*

sivas publicaciones del código civil, y es así que hemos querido rendir un homenaje a este maravilloso Hermano que nunca ocultó su homosexualidad y que representa un modelo para los masones del mundo entero...

Cambaceres, Jean-Jacques Régis, Duque de Parma (1753-1824) Jurisconsulto destacado y miembro de la Academia Francesa. Archiduque del Imperio en 1804. Segundo cónsul después del 18 de brumario, de 1799 a 1804, Participa en la redacción del Código Civil. Gran Maestro Adjunto del Gran Oriente de Francia (Golf) entre 1806 à 1815. Más de 1.200 logias fueron constituidas bajo su mandato. Fue así mismo Miembro del Supremo Consejo de Rito Escocés Antiguo y Aceptado.

La fraternal, la primera de este género en el mundo, está compuesta de hermanos y hermanas de diferentes Obediencias, que decidieron no quedarse atrás en la sociedad civil y reunirse mensualmente para hablar libremente entre ellos y ellas de temas que nunca son abordados en sus talleres respectivos. Posee un comité de diez miembros y una carta que contiene exigencias éticas, similares a las de todas las Obediencias, en lo que se refiere al funcionamiento de este tipo de estructuras inter-obedienciales.

La Asociación se enriquece de valores de tolerancia y progreso, de elevación de espíritu y de espiritualidad, que se reciben al comienzo en las Logias y que hoy rinden honor a las formas modernas y tradicionales de la masonería. En sus reuniones mensuales, reciben intelectuales, hombres y mujeres de la política, periodistas, magistrados, responsables asociativos, que aceptan de compartir con ellas diversas ideas, con el fin de luchar contra la homofobia. En agosto del año 2007, la Fraternal parece que escandalizó a algunos hermanos, aunque la Orden comúnmente se enorgullece en público de la calidad de Masón de Federico II, Rey de Prusia, a quien se le atribuye la redacción de las Grandes Constituciones por las que se rige el Rito Escocés Antiguo y Aceptado, a pesar de su inocultable conducta homosexual. La verdad es que siempre han existido Masones homosexuales —Leonardo da Vinci y Oscar Wilde, entre muchos otros—. Sin contar, con que en cada Gran Logia se sostiene en voz baja la calidad de gay de algunos de sus miembros, pues cuando a algún Hermano se le susurra que tenga cuidado con los chistes o la formas, o la formulas al uso ya que hay Hermanos homosexuales presentes que pueden sentirse heridos, te miran como si el GADU hubiera echado alas y se fuera de vacaciones. Es en Francia, precisamente aquí, lugar de formas y etiqueta, donde los gays y las lesbianas se ha atrevido a levantar el velo de Isis y Osiris y manifestar su opinión y condición.

> *¿Cómo explicar a hermanos y hermanas que la homofobia representa una forma de racismo y como tal, no debería existir dentro de una Orden que implora a la Tolerancia ? ¿Puede una Logia rechazar la entrada en masonería a un profano que se casó por ejemplo y de esta manera la Obediencia desobedece a las leyes de la República, mientras que durante une ceremonia de iniciación, la misma Obediencia declara a sus miembros someterse a sus leyes? Nosotros sabemos que ciertas Logias han rechazado profanos por esa razón. Sabemos también, y ciertas experiencias lo han mostrado, que la homosexualidad ha sido un obstáculo para el acceso al Generalato y a responsabilidades dentro de las Obediencias, como si ser diferente fuera sinónimo de deshonor para el Taller o la Orden entera. El ejemplo de Camaceros nos permite afirmar que ser homosexual no impide en nada el hecho de asumir importantes responsabilidades. Sin embargo, algunos hermanos y hermanas se sienten aislados dentro de sus Logias, a pesar de haber esperado encontrar allí Fraternidad y Tolerancia. ¡Qué decepción al constatar que los principios de la masonería parecen no ser que vanas palabras, de los cuales parecen satisfacerse ciertos Talleres incapaces de hacer buen uso de ellos, en caso de homofobia latente o claramente expresa! El desamparo de ciertos masones deja de ser una simple idea y se vuelve una dura realidad. Estamos convencidos, y es todo el interés que tiene nuestra asociación (llamada « fraternal « justamente) y ahora podéis entender mejor su razón de ser para una comunidad que ha pagado y sigue pagando caro su propia existencia, desde los campos de concentración, hasta la hecatombe del Sida.*

LA FRATERNIDAD DEL «ARCO IRIS»

… Pero la cuestión no ha quedado allí, sino que hemos visto, gracias al hermano Iván Herrera Michel en su blog, que hay otras organizaciones paramasónicas que se posicionan en el tema, como la Asociación *Fraternité Arc en Ciel* (Fraternidad Arco Iris), creada en el mes de mayo de 2003 y registrada legalmente en la Prefectura de Montpellier. Es una asociación que ponen en pie un grupo de Hermanos y Hermanas gays, lesbianas y bisexuales frente a la dificultad que algunos Hermanos homosexuales tienen para afirmar su «diferencia» en el seno de las logias.

Son sus objetivos: acoger de manera fraternal y convivencial a los franc-masones homosexuales; escuchar y aconsejar a aquellos que han sido víctimas de comportamientos más o menos homófobos; trabajar a través de encuentros, reflexiones y debates para facilitar la comprensión o el respeto a las «diferencias»; ayudar a sostener a hermanos y hermanas en su afirmación y condición homosexual dentro y fuera de las logias y guiar los primeros pasos de los profanos homosexuales que desean entrar en Masonería.

XV

Tradición iniciática en femenino

Uno de los argumentos esgrimidos por los masones anacrónicos para excluir al género femenino de la Orden Masónica es el de afirmar que las mujeres no son iniciables porque la Tradición no reconoce autoridad espiritual a las féminas —solo papel secundario y pasivo—. Ya en las páginas iniciales de este libro habíamos hecho alusión a las consecuencias que para la mujer tuvo la aparición del monoteísmo patriarcal tras el cambio de sexo de todas las diosas primigenias adoradas por civilizaciones enteras y el nuevo orden mundial que se estableció en el planeta Tierra. Hoy, las Ciencias —y la Historiografía— asumen y afirman que desde la más remota antigüedad, la mujer desempeñaba un papel preponderante en la mística y el ritual (no obstante, es preciso anotar que hombres y mujeres llevaron prácticas rituales por separado, en todos los tiempos y culturas, y que han sido de muy distinta naturaleza, aunque complementaria: ello por condiciones particulares y conformación esotérica de cada una de las dos partes integrales de la especie humana). Así lo confirman gran cantidad de testimonios claros e irrefutables, también de todas las épocas y culturas.

En nuestros días, asimismo, afamados autores hasta reconocen que la catedral de Chartres —y multitud de lugares sagrados de la anciana Europa— se había construido en un emplazamiento destinado a una diosa antigua. Y si como tradición queremos tomar la que se remonta a los misterios de Egipto, Grecia, la cultura celta, Roma, etc., mal escogen los argumentos los que se oponen a la iniciación de las mujeres en la Masonería, ya que tendrán que reconocer la importancia, en el terreno de lo trascendente y «sagrado», que las mujeres tuvieron en las citadas culturas. Las sociedades antiguas, y la del medievo con sus obreras-albañiles co-constructoras de catedrales, sí las consideraba «iniciables». Y en parte es porque el cuerpo de la mujer no se considera «sagrado» en el monoteísmo. Ella es negada como importante, ellas, que tienen una dotación «especifica» para llevar a cabo la mayor y más importante «iniciación» en la vida de un Ser Humano: la maternidad. El simple hecho de «poder ser» o ser madre, hace que la mujer posea una especial carga de Fuerza, Sabiduría y Belleza. Esta capacidad, la convierte en apta no solo para ser «iniciable», sino para comprender y vivir lo «trascendente» desde puntos de vista mucho más amplios y elevados que los de muchos varones (es por ello natural que la Masonería, por sus Principios y sus Rituales, le haya interesado). Desde la antigüedad más lejana nos encontramos con múltiples ejemplos de estas mujeres, madres, sacerdotisas y jóvenes, que a medida que se acercaban a la madurez, eran instruidas en las artes mágicas, aprendiendo a conocer la naturaleza, la plantas, a cómo tratar la enfermedad e incluso a estudiar el fenómeno de la muerte. Como expresa Joseph Campbell en su libro *Las Máscaras de Dios*:

> *Sin duda, en las primeras edades de la historia humana, el milagro y la fuerza mágica de la mujer fue una maravilla no menor que el universo mismo y esto dio a la mujer un poder prodigioso.*

Las posteriores religiones que fueron aflorando con el devenir de los siglos han mantenido con mayor o menor fortuna la primitiva sacralidad y sobre las creencias abolidas eran edificadas las nuevas. El templo recién erguido ocupaba el lugar del anterior, pero siempre sobre el mismo espacio de culto, el punto ancestral donde el hombre experimentaba su unión con la divinidad reinante. Ese culto primitivo era esencialmente femenino. La Tierra, al igual que la mujer como madre, era la creadora de vida, la dadora de alimentos que permitía la supervivencia humana. Las antiguas culturas así lo continuaron reflejando, y no fue hasta ulterior expansión del cristianismo cuando ese culto femenino fue definitivamente sustituido por el masculino, siendo una de las preocupaciones principales del cristianismo destruirlo, controlarlo y emplearlo para sus propios fines. Asimismo, la imagen de muchas de las Diosas de las religiones de la naturaleza, comenzó a diluirse en los ríos, lagos, bosques y montañas a los que protegían, y su amplio culto fue desapareciendo junto a las civilizaciones de antaño por la intransigencia de Roma, esta vez, cristiana.

A pesar de todo, ese culto pagano a la Diosa Madre nunca llegó a perderse. Pero la Iglesia vaticana, que sabía que la antigua religión estaba mucho más arraigada que la nueva doctrina que ella propagaba, trató por todos los medios de minimizar la influencia pagana de la deidad femenina. Por ello se dedicó a evitar que la figura de la Virgen María, la Madre, se igualase a la de Dios. A éste y a Cristo debía dedicarse el culto principal, relegando las figuras femeninas a un discreto segundo plano. Sin embargo, se debe a los cistercienses de San Bernardo de Claraval, y también a sus allegados los Templarios, el resurgimiento de la antigua tradición. San Bernardo fue un gran impulsor del culto mariano; conocida es su gran devoción por la Virgen María. Por su parte, «los hermanos» del Temple fueron aún más audaces, y bajo su influencia eclosionó un encendido culto a la Nuestra Señora, o Notre-Dame, que situaron bajo la imagen de vírgenes negras en muchas de sus posesiones y en la mayoría de las catedrales góticas francesas, edificadas precisamente en esos mágicos enclaves venerados desde la Antigüedad.

Las vírgenes negras son de color oscuro porque representan a la Madre Tierra y a la sabiduría ancestral, que fue pretendida por la Orden Templaria. Otras diosas de las antiguas culturas como Isis, Cibeles y Deméter fueron con frecuencia representadas negras, mientras que la Gran Bretaña conoció una Black Annis. En Éfeso, en el templo de Diana, una de las siete maravillas del mundo, se veneraba otra estatua negra de la Gran Diosa. Su presencia se extiende por toda Europa, Asia, África, Australia y América; estas figuras o representaciones se han mantenido durante milenios desde los orígenes más remotos de la humanidad hasta hoy en día. Entre las culturas antiguas en las que las encontramos tenemos las civilizaciones egipcias, sumerias, mesopotámicas, griegas, celtas, nórdicas, romanas, turcas, siberianas, hinduistas, etc. Esta imagen de la Diosa Madre reflejaba un concepto capaz de integrar el macrocosmos y el microcosmos. Como ente asimilado a la fisiología femenina y a su rol maternal, la Diosa no solo tenía la capacidad partenogénica y nutricia que la señalaba como causa y sostén del universo, sino que ofrecía un cuerpo, en cuyo seno se gestaba… ¡nada menos que la vida! Recordemos al griego Heródoto cuando relata las maravillas que vio durante su viaje a Egipto, a fin de vislumbrar como vivía y que rol desempeñaba la mujer en aquellos tiempos:

> … *Los propios egipcios observan, en muchas de sus costumbres y maneras exactamente la conducta opuesta a lo que son las prácticas comunes de la humanidad. Así pues, muchas de las mujeres se ocupan de los mercados y del comercio...*

Heródoto quedó sorprendido ya que no había visto nunca a mujeres aparentemente tan libres como los hombres.

Pretender, pues, que la mujer tiene una «psique» distinta, o que su capacidad de comprender y «vivir» lo trascendente, el simbolismo o cualquier otra manifestación semejante es inferior a la del varón, es sencillamente erróneo, ajeno a la realidad y siempre en provecho de la cultura androcéntrica dominante. De una vez por todas, el artificial antagonismo generado por prejuicios sin fundamento lógico tiene que dejar paso a la razón y a los hechos constatables. Ya en su célebre discurso de 1737, el masón Ramsay proclamaba:

> *Sí, caballero, las famosas fiestas de Ceres en Eleusis, de Isis en Egipto, de Minerva en Atenas, de Urania entre los fenicios, tenían relaciones con las nuestras. Se celebraban allí misterios donde se encontraban varios vestigios de la antigua religión de Noé y de los patriarcas.*

La masonería aludiría en multitud de ocasiones a sus lejanos orígenes en el sentido iniciático:

> *Los Misterios* —decía Aristóteles— *proporcionan enseñanzas para conocer la vida y esperanzas para soportar la muerte»*. Sócrates pensaba que «*Los Misterios dan felicidad, porque a través de ellos se entra a la inmortalidad.*

Y Virgilio declaraba: «*Los Misterios me enseñaron a practicar la piedad y a conocer y amar a los dioses*». Desde el tiempo de los egipcios, los Misterios presentan la muerte como antecedente de la vida: la semilla muere para que nazca una nueva planta; el día muere en la noche para renacer en el alba; la tierra muere cuando se aleja el sol para recuperarse en la próxima primavera; el ser muere para que renazca el alma. El principio femenino rigió la fertilidad y por más de 25.000 años, las mujeres personificaron a la Diosa de la Tierra y presidieron los ritos agrícolas, como lo prueban los múltiples testimonios arqueológicos en los que abundan las esculturas femeninas de sacerdotisas, magas o vestales.

En el santuario de Menfis había jóvenes iniciadas en los más importantes secretos de los Misterios y tomaban parte en todas las ceremonias sagradas.

Los Misterios de Ceres y de Eleusis estaban dirigidos por sacerdotisas (iniciadas por supuesto) que, además, transmitían a los sabios de aquellos tiempos instrucciones con las que ellos formaban después a sus discípulos. Las sacerdotisas, pitonisas, y oráculos «estaban» en contacto «directo» con la divinidad. Ellas, eran el vehículo entre los dioses y los hombres ¿Alguien duda de la importancia de su misión y del reconocimiento y respeto social de que gozaban? Los misterios eleusinos eran ritos de iniciación anuales al culto a las diosas Deméter y Perséfone que se celebraban en Eleusis (cerca de Atenas), en la antigua Grecia. De todos los ritos celebrados en la antigüedad, éstos eran considerados los de mayor importancia. Estos mitos y misterios se extendieron posteriormente al Imperio romano. Los misterios eleusinos se mantuvieron un larguísimo tiempo con un prestigio prácticamente intacto. Desde nuestras primeras informaciones (el Himno homérico a Deméter, en pleno siglo VII a. C.) hasta la destrucción del santuario por los godos al mando de Alarico, en 394 d. C. (poco después de que Teodosio hubiera prohibido el culto), transcurre un milenio de actividad del santuario. A lo largo de estos 1000 años nunca disminuyeron la influencia y el prestigio del santuario eleusino, a los que contribuyó no poco el gran prestigio de la propia Atenas. Diodoro 5.4.4. asegura que el prestigio de los rituales eleusinos se basa en su gran antigüedad y en la pureza del ritual.

Los Celtas, guerreros temidos por su ferocidad en el combate, otorgaban a la mujer la misma posibilidad que al hombre para alcanzar el grado iniciático de Druida, después de un largo periodo de aprendizaje. Ellos, fueron los precursores del actual Derecho de Familia Germánico y Sajón, en los que la mujer (no los hijos como sucede en nuestro Derecho Romano) hereda a su marido con todas las prerrogativas y derechos.

Los ritos femeninos dejaron su huella en la civilización, es incuestionable. En Asia Menor, en la proximidad helénica, las sacerdotisas realizaban sensuales danzas en honor de la Diosa Artemisa. En Oceanía las mujeres rendían culto a la «Sabia Madre», bailando y tocando tambores. En Nueva Guinea se honraba a la Madre Ancestral y en Nueva Caledonia a la Diosa *Kabo Mandalat*. En las antiguas tradiciones africanas hay muchos antecedentes. En América también se observaron prácticas similares con presencia femenina. Así, indias precolombinas celebraban en marzo la ceremonia para honrar a la Diosa Latiku, que les concedía buenas cosechas. En Perú y Bolivia las mujeres se dejaban el cabello suelto mientras danzaban en honor de la Diosa del Maíz, para propiciar el crecimiento del grano. En Brasil, altas sacerdotisas dirigían las danzas de fertilidad para propiciar la intervención de la Diosa Madre del Maíz. En Chile, la *machi* mapuche era la encargada de preservar los misterios que podían resolver los males que afectaban a la comunidad indígena, y de interceder a favor de la abundancia y por la lluvia benefactora que posibilitaba la fecundidad.

¿Hacia dónde apuntan estos antecedentes? Básicamente, a poner en evidencia que la iniciación es un hecho que tuvo no solo una naturaleza masculina, sino que fue entregada de un modo significativo y determinante también a las mujeres. Ello, no solo en el contexto de una concepción cultural, sino también como consecuencia de una concepción iniciática y esotérica, en torno a misterios que explicaban la vida y los procesos de la naturaleza.

La sumisión de la mujer se afianzó a partir de las llamadas religiones del Libro, o sea, el judaísmo, el cristianismo y el islam, contrariamente a lo que sucedía en los antiguos Misterios, y ello a pesar de que Cristo y Mahoma practicaban ideales de igualdad —pero sus seguidores optaron por la posición de inferioridad de la mujer que persiste hasta hoy—. Y tampoco las libertades civiles alcanzadas por la Revolución Francesa de 1789 bastaron para evitar el sojuzgamiento.

LA NATURALEZA DEL GÉNERO Y EL CARÁCTER INICIÁTICO

Toda Iniciación representa un *modus,* una forma, un contexto, en el cual se hace el carácter y contenido de la vía iniciática. Ello es lo que hace diferente un tipo de iniciación de otra, un propósito iniciático de otro. Ello tiene alcance también en relación con los géneros, donde lo relativo al contexto adquiere sus perfiles en función de la naturaleza de cada cual. Ergo, la Iniciación es un proceso que se vive en el género, de un modo esencial. Así lo comprueban las tradiciones iniciáticas, desde lo más remoto de los tiempos, porque hay una vivencialidad sensorial, anímica, una sensibilidad, una emocionalidad que hace diferentes los procesos iniciáticos, como consecuencia de la propia naturaleza sexual de los individuos.

Si los géneros no aprendemos a reconocer nuestras diferencias, tampoco podremos tener definidas las condiciones en que se funda nuestra igualdad. En atención a ello, surge la convicción de que las experiencias iniciáticas trascendentes no pueden ser homogeneizadas. Pero sobre ese fundamento, nada ni nadie puede inhibir, soslayar o negar el derecho de la mujer a la iniciación.

La Masonería no podría, en modo alguno, negar el derecho a la Iniciación y a la búsqueda de la perfectibilidad humana en la mujer. En primer lugar, porque el mensaje y el método masónico son un conjunto de ideas que promueven los más altos valores humanos, basados en la fraternidad, el amor a la Humanidad y la superación del error. En torno a ese conjunto de ideas formidables, se ha constituido una verdadera cultura que legítimamente debemos llamar *masónica,* que ha permeado nuestra civilización.

En un mundo donde hemos dejado de ser ciudadanas de segunda categoría y nos convertimos en referentes éticos de nuestras comunidades, y considerando que la mujer, por esencia, es una productora de símbolos, resulta anacrónico negar el derecho de las mujeres a la iniciación. Ello viene a ser un trasnochado machismo, pues, ese derecho ya existe, por obra de la propia acción femenina.

MUJERES INICIADAS EN ÓRDENES Y ESCUELAS DE LA ANTIGÜEDAD

Theano de Crotona. Nació en el siglo VI (a.C.). Fue discípula de Pitágoras. Escribió sobre Matemática, Física y Medicina. Realizó tratados sobre la Teoría de la Proporción, especialmente sobre la Proporción Áurea. Se casó con Pitágoras y a la muerte de éste, dirigió la Escuela Pitagórica difundiendo a través de sus miembros los conocimientos matemáticos y filosóficos por Grecia y Egipto. Los pitagóricos creían en la inmortalidad del alma y utilizaban símbolos matemáticos como emblemas de conceptos metafísicos. Su símbolo fundamental era el pentagrama o estrella de cinco puntas, a la que atribuían cualidades mágicas; también veneraban la tetractys, o triángulo formado por diez puntos, el dodecaedro y el número áureo. Sobre el número áureo basaron la escala musical de las siete notas, la que todavía se utiliza hoy en día.

Hipatía de Alejandría. (375-405 d.C.) En el Museum se educó en Matemáticas y Astronomía. Aprendió Filosofía en la Escuela del Neoplatonismo. Hipatía se convirtió rápidamente en la cabeza de la escuela, la cual dirigía. Fue una mujer de fuerza incomparable que tuvo el valor de entregar la Sabiduría Antigua en medio de un mundo intelectual naciente, sin importarle que eso le costara la vida.

EN ΟΤΡΟ ΤΙΕΜΠΟ ΕΡΑ ΠΑΝΓΕΑ
EN OTRO TIEMPO ERA PANGEA

En el principio era el Caos, la Mater Natura.

De este gran útero cósmico se formaron las cosas y nació el brillante Cosmos: la noche puso un huevo de plata en las tinieblas.

La Madre Tiamat poseía un rostro de luz y otro tenebroso. Porque Ella es día y es noche, nos da sus frutos y produce tempestades, es cálida y fría, buena y mala, alegre y triste. Por todo ello tiene en sí los poderes de la virilidad y la virginidad. Se fecunda a sí misma en un eterno continuo.

Pero vinieron los adoradores del Sol, los adoradores de Uno. Bajaron de sus montañas: ¡Maldito el pueblo total!, gritaron, y separaron la luz de las tinieblas, lo húmedo de lo seco, apartaron de la mujer su parte varonil y del hombre su parte femenina; distanciaron a los hombres de las mujeres.

¡No mezclarás!, fue su gran mandato. Y jerarquizaron, explicaron, ordenaron, mataron. Establecieron la lógica de la guerra, de la fuerza bruta, del dominio, de la amenaza. Todo quedó invertido.

El Cosmos fue creado por su dios, la mujer nació del varón, la Luna refleja su Sol. Y transcurrieron los mundos, los espacios, los tiempos nuevos. Es por eso que otra de las Madres, Mama Quilla, a lo largo del día se rebela, aparece y se esconde, se cuartea a derecha e izquierda como para recordar a las eras patriarcales el desagravio primigenio, aquella y esta loquera, aquella y esta reductio ad absurdum. Comenzaron las concepciones tradicionalistas del hombre y la mujer. Se borró la pansexualidad. Todo se descompuso. Se catalogó el devenir individual y social. Se reglaron las conductas y la libertad. Se pusieron adjetivos muy peyorativos a las opciones sexuales. Para reprimir. Para controlar. Para dominar. Para envilecer.

Los hijos de Prometeo olvidaron simplemente que así como el hombre vive y la mujer es vivida, así el hombre intenta controlar el destino y el futuro, mientras que la mujer es el destino y el futuro. Los hombres hacen y escriben la Historia: las hijas de Pandora son la Historia.

Ha llegado el momento de que la tradición clásica con su profundo contenido emancipador para mujeres y hombres sea vivida no sólo en el ámbito reservado de los gustos personales o las conquistas individuales, sino en el marco social donde puede ser más revulsiva: en medio de las luchas cotidianas por un mundo más bello y más justo.

Hermana Anactoria .·.

Maestra Masona, en los V.·. de Madrid

Año de 5770, mes de Sivan

XVI

A modo de conclusiones

MASONERÍA IRREGULAR VERSUS MASONERÍA REGULAR: HETERODOXIA VERSUS ORTODOXIA

Sí: todavía hoy algunas organizaciones masónicas masculinas siguen considerando irregular la presencia de mujeres en la Orden. Es alucinante el empecinamiento de los que ahora son ya denominados por bastantes masones y masonas con humor *hermanos irregulares,* anclados en el siglo XVIII, con mentalidad pacata, anticuada, impensable en el siglo XXI. Para ellos la masonería femenina —las masonas— es ignorada absolutamente en sus autodenominadas logias regulares diseminadas en los países anglosajones, en los francos, en los latinos, en los del mar pacífico, en los latinoamericanos y en los asiáticos. Bien es verdad que este hecho no impide de ninguna manera el trabajo, el desarrollo y devenir de todas las Hermanas Masonas. Ellas saben que ellas lo son, que son franc-masonas de pleno derecho y de hecho, aun cuando estas obediencias «irregulares» (llamadas regulares) no estén de acuerdo. En efecto esas logias definen la masonería únicamente sobre la base de los *Old Charges,* para los que las mujeres, simplemente, no existen, mostrando con ello una incapacidad para dejar atrás las creencias hegemónicas de un tiempo ya caduco. El propio feminismo fue un discurso crítico en el contexto de la Ilustración hegemónica: un discurso que cuestionaba valores y hechos que a muchos les parecían inamovibles y evidentes. En nuestro siglo XXI ya aceptamos que todo Saber es relativo. Al igual que hoy la ciencia no niega una Causa primordial, porque no halla en parte alguna nada que la niegue ni la demuestre. Y aceptarlo es devenir, Progreso, evolución... Cada vez hallamos nuevas esencias y leyes primordiales cuyo profundísimo fondo desconocemos.

Y la historia, como ciencia, progresa. De continuo surgen nuevas investigaciones cuyas hipótesis se contraponen a veces con la visión romántica de nuestros orígenes. Y no es una decisión fácil elegir entre el análisis científico (progreso) y la magia de las leyendas (tradición) en instituciones como la Masonería. La Tradición que invocan todas las masonas y todos los masones no tiene que considerarse como un saber pasivo, fruto fosilizado de las inteligencias de nuestros antepasados, quienes sabían combatir las ideas recibidas, buscar la verdad hasta el martirio, derribar los dogmas y revolucionar la ciencia de su época. La tradición a la que nos referimos es una tradición humanista formada de libertad de conciencia, tolerancia recíproca, progreso, fraternidad, concordia voluntaria y amor. Iniciáticamente, además, el concepto de *Tradición* dice relación, no con una costumbre antigua o una reiteración de una forma aceptada de hacer o interpretar las cosas, sino con la esencia de lo que se comunica a través de la vía iniciática, mediante distintos estadios de comprensión de los misterios que la constituyen. Desde un punto de vista iniciático, existe una íntima relación entre *Tradición* y Sabiduría, en tanto la primera se funda en la segunda, y ésta debe subsistir en sus componentes de un modo inalterable, para establecer los objetivos a los que nos dirigimos. Tales objetivos pueden ser una idea de iluminación, una idea divina, una idea de cambio o una idea de verdad.

La práctica de la exclusión de las mujeres en los Templos Masónicos y en la Orden ¿será una influencia religiosa o clerical como reiteraban las ilustradas convencidas? Enfaticemos que todavía el sacerdocio en el catolicismo y en otros credos religiosos está exclusivamente destinado a los varones... Si la *FRATERNIDAD* en Masonería es eje vertebrador, y se nos llena la boca constantemente de esta palabra hasta que a menudo se diluye su contenido en la nada, convirtiéndose en letanía, repitiéndola sin más hasta que se descarga y olvida su sentido profundo, su contenido filosófico, ¿es que los regulares hablan de la fraternidad sólo entre hombres? Si esto es así, cabría creer en una cierta perversión del lenguaje.

Para terminar, quiero apuntar asimismo que respetar la diversidad de opciones (sexuadas o no) de las Logias, es admitir, incluso aunque no se comparta esa elección, que algunos Francmasones no se encuentran cómodos ante una experiencia que compromete su intimidad espiritual ante mujeres. Esto evolucionará, sin duda, pero a muy largo plazo.

El objetivo para la augusta y muy respetable Orden del Arte Real —y para los seres humanos— ahora es salvar a la Humanidad. Para ello urge cambiar nuestros modos de pensar y vivir. La idea de metamorfosis, más rica que la de revolución, aporta esperanza en un mundo mejor.

El debate seguirá por algún tiempo. Los cambios, incluso en organizaciones con principios democráticos innatos, siempre resultan lentos y difíciles, pero es obligación moral continuar en el intento. No se trata de rehacer la historia, pero la rueda girará ineluctable... Como reconocía Daniel Beresniak, «*Lo viejo se resiste a morir y lo nuevo no termina de nacer*».

EPÍLOGO

Sobre la polémica del género en las logias

Plancha Trazada de Arquitectura leída en Tenida Ordinaria en la Logia x del Oriente de Madrid un día de este año 6000 de nuestra era, por la Hermana Talestris, Maestra Masona del grado 33 .˙. perteneciente a la Gran Logia Simbólica Española, Obediencia Mixta, Adogmática y Liberal

«LOS DERECHOS DE LAS MUJERES SON DERECHOS HUMANOS»

«Ya desde la Conferencia Internacional de las Organización de Naciones Unidas (ONU) celebrada en Pekín en el año 1995, se estableció universalmente —y así fue adoptado y signado por los gobiernos de 189 países del mundo— que *Los Derechos de las Mujeres son Derechos Humanos.* Desde entonces, pues, la Masonería universal debería ser mixta por definición, más exactamente por obligada redefinición histórica. Vosotros (me dirijo a mis Hermanos inteligentes definidos como irregulares) que aceptáis compartir los Templos en pie de Igualdad y nosotras, Queridas Hermanas y Hermanos, mujeres y hombres del siglo XXI de la Era Común, y ambos herederos de la Evolución de la especie humana, somos ahora los y las Masones Regulares.

Si como Masones y Masonas aceptamos y suscribimos la Carta de los Derechos Humanos y nuestra propia Constitución (en donde se consagra la IGUALDAD de todos los Seres Humanos, sin discriminación de ningún tipo, digo, si no consideráramos todavía a las mujeres como masonas, estaríamos practicando una doble moral no acorde con las líneas maestras de la Fraternidad Masónica.

Hermanos que vivís en el pasado sugestionados por normas y limites que no son el presente, romped vuestros prejuicios con Sabiduría y Fuerza. Apreciaréis mejor la Belleza y el valor de la lucha que universalmente el género femenino ha conducido para conquistar espacios vedados durante muchas centurias por justificaciones artificiosas que nada tenían que ver con supuestas incapacidades y limitaciones; sino con una lucha por el poder, basada en la violencia física, ideológica y psicológica.

Hoy las mujeres en casi todo el mundo han ido recuperando derechos que le habían sido arrebatados. La igualdad jurídica se traduce en igualdad de oportunidades para educarse y recibir capacitación para acceder al Trabajo. Son ya un hecho la independencia económica de las mujeres, la voz y el voto en los foros nacionales e internacionales —donde se presentan y discuten asuntos de importancia para la economía, el bienestar social, la paz...— aunque falte todavía igualdad en el acceso a los puestos de toma de decisiones y poder.

Hoy la Masonería cuenta con un lugar para las mujeres que quieran trascender sus ancestrales limitaciones a través de sus enseñanzas, aunque esto no sea bien visto todavía por algunas personas de género masculino. Habría que recordarles con cariño que en el Método Masónico prima el esclarecimiento continuo, la autoconstrucción personal y social. Nuestro método provoca, suscita, despierta. Conquistemos para nuestra excelencia humana el espacio interior, el que abarca aspectos sentimentales, afectivos, morales y espirituales, ese que es el más difícil de conquistar tanto para hombres como para mujeres, inmersos ambos en una cultura utilitaria, consumista, competitiva, enajenante y de rampante corrupción.

Y aunque es posible encontrar el discurso de perfectibilidad masónica en sentido no discriminatorio para ambos géneros, todavía sigue flotando la duda no desvelada: ¿Y dentro de las logias, qué? En este sentido, y me dirijo a mis Hermanos los varones masones liberales (racionales y a dogmáticos), es preciso no callar que algunos tendrían que aprender a ver a las mujeres como hermanas y no como objetos de deseo. A lo mejor esa sea su primera tarea en el Trabajo de pulir su piedra bruta en una logia: la primera lección de Fraternidad es llegar a ver a su hermana como una igual, desde la razón y el trabajo. Dejemos, Queridísimos Hermanos los instintos para Ágapes y Solsticios y demás divertimentos.

Retomemos nuestra triple bandera, la de la LIBERTAD, IGUALDAD, FRATERNIDAD, es decir, la trilogía de la revolución francesa, la ilustrada y feminista. La igualdad hombre-mujer desde la diferencia: trabajemos juntos porque de la diferencia y de la diversidad se aprende TOLERANCIA, respeto en fin.

Nosotros y nosotras, piedras cúbicas con nuestro «saber ser», el que aparta los prejuicios y la intolerancia, que reconoce y recibe al «otro» —sea este mujer, hombre o transgénero— cualesquiera que sean sus particularidades espirituales, culturales, sociales o sexuales, pues lo importante es que sencillamente sea un ser humano; debemos levantar el edificio más bello del mundo terrenal... nuestro edificio interior...

En *La Ilíada* escuchamos este bello verso: *«¡Oídme dioses todos y diosas todas que quiero decir lo que mi ánimo me ordena en el pecho!».* Nada como un clásico para poner en su sitio a la lengua. Homero (fuese uno o fuesen varios) acudió al desdoblamiento para referirse al Olimpo en su justa diversidad de géneros.

Hermanas, despertad...

Sí, soy hermana, no hermano, soy mujer, no hombre, me defino pues en femenino, no en masculino, pues el masculino genérico no recoge a los dos géneros humanos, el masculino no me incluye, es reduccionista bajo una excusa de economía del lenguaje. Como Isis no fue Osiris, como Luna no es Sol, lo mismo que no soy buey y sería vaca: en todo caso y circunstancia, mujer.

He dicho,
Venerable Maestra,
Queridos Hermanos y Queridas Hermanas.»

En el Oriente de Madrid, en el mes de Tamuz del año 5769 .˙.
A medianoche en punto.

POST-EPÍLOGO

DECLARACIÓN UNIVERSAL DEL RECONOCIMIENTO DE LA EXISTENCIA DEL ORDEN PATRIARCAL Y DE SU DEFINITIVA ABOLICIÓN

«Las mujeres llevamos más de doscientos años en lucha colectiva contra el Patriarcado, institución que representa un permanente agravio para todas nosotras, y también para los varones obligados a desempeñar el ingrato papel de celadores y opresores del colectivo femenino.

CONSIDERAMOS

Que no se vienen cumpliendo los preceptos de «la Declaración de los Derechos Humanos» proclamada y aprobada en 1948 por la Asamblea General de Naciones Unidas, en cuyo Artículo 7 declara «Todos (los Seres humanos) son iguales ante la ley y tienen, sin distinción, derecho a igual protección de la ley. Todos tienen derecho a igual protección contra toda discriminación que infrinja esta Declaración y contra toda provocación a tal discriminación». Ni tampoco se cumplen en mayor o menor medida los posteriores compromisos acordados en la Asamblea General de Naciones Unidas celebrada en Nueva York en junio del año 2000, como seguimiento de la última de las cuatro Conferencias Mundiales (Beijing 1995) sobre los Derechos de las Mujeres. Conferencias Mundiales que fueron posibles gracias a los esfuerzos realizados por mujeres de todo el mundo en los últimos decenios. Por lo que

EXPONEMOS

que siendo el Patriarcado, una institución inscrita en el seno de la sociedad no ha sido nunca escrita, al estilo, por ejemplo, de un Decálogo religioso o una Constitución política, ha quedado por ello oficial y jurídicamente invisibilizado, lo cual no ha permitido corregirlo, enmendarlo, o sencillamente abolirlo por anacrónico, como anacrónicos son por ejemplo el Feudalismo o la Esclavitud. Entendemos por «anacrónico» contrario a los derechos humanos, debido a lo cual, han existido los agravios siguientes:

1. Exclusión de las mujeres del contrato social y los derechos políticos inherentes al mismo, desde la antigua Atenas hasta nuestros días.
2. Exclusión de las mujeres de una educación igual y paritaria, lo que ha dado lugar a una ignorancia funcional necesaria para potenciar la formación servil de niñas y adultas en la tarea asignada de resultar útiles a los hombres en tanto que colectivo sexual hegemónico.
3. Exclusión de las mujeres del mundo del trabajo, de la capacitación profesional necesaria y suficiente para acceder a todas las profesiones, ejercerlas y tener derecho a ocupar lugares de gestión de las mismas.
4. Las tres exclusiones anteriores han sido posibles y se refuerzan merced a un entramado cultural construido exclusivamente por el colectivo masculino (Patriarcado), lo que ha invisibilizado, reprimido y subordinado a las mujeres, sometidas además a los correspondientes castigos en caso de contravenir la norma. Esta cultura androcéntrica ha tenido sus vías de transmisión fundamentalmente a través de las Religiones, la Filosofía y la Ciencia.

SOLICITAMOS

de este Foro Internacional, se gestione la petición formal de perdón a las mujeres del mundo entero por los agravios y ofensas recibidos durante milenios, al mismo tiempo que se dé por abolido el Orden Patriarcal, y con dicha abolición el cese, de una vez por todas, del enfrentamiento entre hombres y mujeres en tanto que superior/inferior, activo/pasiva, y todos los demás conceptos binarios referidos a ambos sexos para la exclusión de uno de ellos.

Esta solicitud de Perdón se manifiesta en tres direcciones: Reconocimiento, petición de Perdón y Abolición.

RECONOCIMIENTO

de la Institución Patriarcal, inscrita en la sociedad pero hasta el presente no escrita, o sea, fantasmática. Reconocimiento de su existencia formal, oficial y política, como institución, de modo que esté en condiciones de ser considerada y juzgada como una institución más de las que en el mundo son y han sido, susceptible por tanto de ser considerada agotada en su desarrollo y por lo tanto obsoleta.

PETICIÓN DE PERDÓN

por la gravísima ofensa moral, espiritual, social y política que a través de los siglos se ha infringido a las mujeres del mundo entero al tenerlas consideradas seres inferiores a los hombres e indignas de participar en el Contrato Social humano, reservado exclusivamente a los varones.

ABOLICIÓN

Lo anteriormente dicho permite decidir la Abolición del Patriarcado como entidad que está fuera de lugar y de la Ley en este siglo, vulnera los Derechos Humanos, y resulta una afrenta para la mitad de la humanidad, además de un perjuicio para la otra mitad. Como se abolieron la Esclavitud y otras instituciones perversas en el pasado, reclamamos la deslegitimación de ésta, lo cual permitirá avanzar más rápidamente en la consecución de un orden social mejor y más justo para la totalidad de las gentes.

Así pues, esta Petición de Perdón significa, en lo real y en lo simbólico, un ANTES del Patriarcado y un DESPUÉS del mismo, un hito histórico en el acontecer de la humanidad.

Petición signada por masonas de todos los continentes

GLOSARIO

Abatir columnas: clausurar una logia o taller.

Aprendiz: es el primer grado, el de los iniciados, con el que una persona se vuelve masón.

Arte del Constructor: Masonería, Francmasonería.

Compañero: grado intermedio, donde el masón se dedica a aprender;

Compás: símbolo muy conocido de la Masonería.

Convento: parlamento de la Obediencia donde cada taller envía delegados-as.

Dreyfusard: persona convencida de la inocencia de Dreyfus, el oficial judío francés condenado por traición en 1894.

Escoceses: masones de la rama tradicionalista llamados también regulares. Masones que utilizan el Rito Escocés antiguo.

Escuadra: símbolo muy conocido de la masonería.

Estudios Feministas Universitarios: tras la Segunda Guerra Mundial, en Europa y Estados Unidos comienzan a proliferar publicaciones que van dando fundamentación teórica a los movimientos feministas, abriendo nuevos campos de estudio y reflexión hasta configurar una Teoría del Conocimiento sólida, desarrollada en los Centros de Estudio e Investigación de las Universidades, que nace bajo la denominación «Estudios de las Mujeres», para después convertirse en «Estudios de Género» y que se irá ampliando a «Estudios Feministas, de las Mujeres y de Género», abarcando así los diferentes ámbitos y designaciones de los estudios que se desarrollan en el marco de la Academia.

Feminismo: movimiento social y político que se inicia formalmente a finales del siglo XVIII en los albores de la Revolución Francesa y que supone la toma de conciencia de las mujeres como colectivo humano, de la opresión, dominación y explotación de que han sido objeto y son por parte del colectivo de varones en el seno del patriarcado bajo sus distintas fases históricas de modelo de producción.

Feminicidios: masacres de mujeres de la historia; por parte de la Iglesia Católica se llevaron a cabo por la Inquisición.
Franceses: masones de la rama liberal o adogmática llamados también modernos. Masones y Masonas que utilizan el Rito Francés.
G.A.D.U.: Gran Arquitecto del Universo: todo el edificio espiritual de la masonería descansa sobre la reverencia al Gran Arquitecto del Universo, Dios, el Principio o Ser Supremo, contemplado en su función de constructor del edificio cósmico o creador del orden universal, como corresponde a una iniciación vinculada con el trabajo de albañiles y arquitectos. La doctrina masónica enseña que la masonería es tan antigua como la Creación, ya que el creador es el primer masón, el supremo hacedor, el obrero divino que construye el mundo.
Grado, s: escalas de formación de un masón o masona.
Grado 33: alto grado masón que indica formación.
Gran Maestro, Gran Maestra: suprema autoridad en una obediencia.
Gran Arquitecto del Universo: símbolo de Dios para algunos masones; el principio creador para otros; para todos la Ley.
Gran Logia: obediencia masónica.
Guantes Blancos: símbolos de la pureza. En numerosas logias los hermanos deben llevarlos obligatoriamente en el templo.
Hermano, Hermana: título fraternal con que se distinguen los miembros de la francmasonería.
Herramientas: útiles imprescindibles de trabajo simbólico en masonería. De ello, la importancia que se le concede a símbolos como el mazo y el cincel, la perpendicular-plomada y el nivel, la regla, la palanca y la llana, herramientas indispensables para «desbastar» la piedra bruta.
Hijos de La Luz: forma frecuente de designar a los masones Iniciación masónica Ceremonia ritual por medio de la cual el profano es admitido en la francmasonería.
Instalación: ceremonia ritual por la que queda regularizada una logia. También se dice de la toma de posesión del Venerable Maestro y de los oficiales de la logia que tiene lugar cada año.
Levantar Columnas: ceremonia de inauguración de una logia.
Libro de Arquitectura: libro de actas de una logia.
Logia: Lugar donde se reúnen los masones. A imitación de las logias operativas de los constructores de catedrales están orientadas como las mismas catedrales. La puerta se encuentra a occidente; el Venerable se sitúa en el oriente, y los compañeros en el sur, con los maestros. Una logia, presidida por un Venerable, debe contar al menos siete maestros para ser regular. Se reúne siempre en un templo cubierto y cerrado.

Logias azules: taller que trabaja en Rito Francés.
Logia Madre: la primera logia fundada y de la que pueden surgir otras.
Luz: el Conocimiento, la Sabiduría, la Gnosis.
Mandil: delantal usado por los masones en la logia. Su decoración varía según el grado.
Maestro-a: tercer grado de cada hermano o hermana miembros de una logia en el cual se requiere que el masón participe en la mayor parte de los aspectos de la logia y de la masonería.
Masón-a: miembro iniciado en la fraternidad masónica. Textualmente significa «albañil» o «constructor».
Masona visible: mujer que ha declarado ella misma su pertenencia a la francmasonería.
Masonería: sociedad fraternal, liberal, filosófica y filantrópica, integrada por personas de librepensamiento, buenas costumbres, y que buscan la auto superación y el perfeccionamiento humano. En sus filas conviven personas de diferentes credos religiosos, así como de distintas tendencias políticas y corrientes filosóficas.
Masonería Mixta: la que incluye hombres y mujeres.
Mixtidad—Mixidad: término proveniente del francés que significa 'mixto', característica de las logias en las que trabajan mujeres y hombres.
Nombre iniciático o Nombre simbólico: los iniciados lo toman a modo de nuevo *bautizo,* y será con el que se le reconoce dentro de la organización. Suele ser secreto.
Obediencia, Orden: asociación de logias masónicas que reconocen una organización y una administración común.
Obreros: miembros activos de una logia.
Oficial: maestro masón encargado en la logia de una responsabilidad particular.
Orador-a: oficio de logia.
Orden: sinónimo de la Francmasonería universal.
Orden androcéntrico: el creado desde el androcentrismo, siendo este el enfoque de estudio, análisis o investigación desde la perspectiva masculina únicamente y utilización posterior de los resultados como válidos para la generalidad de las personas, hombres y mujeres. El hombre varón como medida de todas las cosas. Enfoque unilateral que ha deformado ramas de la ciencia como la Historia, Etnología, Antropología, Medicina, Psicología y otras.
Orden del Arte Real Nombre dado a la masonería considerada como una ascesis y un ideal de vida.

Oriente eterno: el situado más allá de la muerte.
Palabra de paso : contraseña para acceder a un Templo masónico
Pasar al Oriente Eterno: morirse un masón.
Patriarcado: según definición de Michel Foucault: fórmula de poder profundamente arraigada en la sociedad y en la cultura cuyas redes de influencia atraviesan tanto la esfera pública como privada, produciendo sujetos regulados por un «régimen de verdad» que confiere a los varones la supremacía sobre la otra mitad del género humano.
Piedra bruta: es el símbolo de las imperfecciones y representa la belleza oculta en lo más profundo del Ser, la belleza que hay que encontrar y liberar.
Profano: persona no iniciada. Se aplica igualmente a todo lo que es ajeno a la masonería.
Plancha de quite: certificado de salida de la orden
Plancha de arquitectura o grabada: escrito filosófico masónico
Recipiendario-a: él o la que entra a recibir la Luz o Conocimiento masónico.
Recibir La Luz: ser iniciado en la masonería.
Rito: conjunto de grados masónicos formando un todo coherente. Conjunto de reglas que fijan el desarrollo y las formas del trabajo en logia.
Rito de adopción: rito de iniciación ceremonia de entrada en la orden.
Rosacruz: nombre de una organización esotérica actual. En la antigüedad quería decir Alquimista.
Serenísimo: título dado al Gran Maestre.
Sexismo: serían aquellas prácticas y discursos que favorecen y perpetúan la desigualdad y la jerarquización en el trato que reciben las personas y que se hace sobre la base de la diferenciación sexual. El sexismo constituye entre otras, una importante amenaza a la democratización de la sociedad porque excluye, discrimina y limita la participación de las mujeres y niñas. Esta discriminación se inicia desde la infancia, continua y se profundiza en la adultez.
Simbólico (nombre): nombre adoptado por un hermano en el momento de su iniciación y por el que se le reconocerá en el futuro en sus trabajos simbólicos.
Sororidad: fraternidad de mujeres.
Sur global: el término describe a los países en desarrollo y emergentes, incluidos países como Rusia que se enfrentan a los retos de un rápido desarrollo o reestructuración industrial. La mayor parte de los países

del «Sur global» se encuentran en América del Sur, Centroamérica, Asia y África.

Taller: sinónimo de logia o templo. Lugar físico donde sesionan los masones. También se le denomina templo o logia. Suele consistir en una pieza rectangular decorada con elementos alusivos al ritual que se sigue.

Taller salvaje: el que no se inscribe dentro de ninguna Obediencia

Templo: para el masón, en primer lugar es el ideal a realizar: el templo de Salomón que jamás se acabará de construir. También es el local en el que se reúne la logia. En la Alquimia, viene del Templo de Salomón: tiene también el significado de Templo de la Sabiduría y que es el signo de la «Gran Obra» de los Alquimistas. Además significa Sede de la Sabiduría.

Tenida: reunión ritual de hermanos masones en su taller.

Tercer Grado: corresponde al maestro o maestra masones.

Trazar: escribir.

Triángulo: se constituye con tres masones y se considera el embrión de una nueva logia.

Venerable Maestro, Veneratura: «autoridad» que preside la logia

Vigilantes: otras autoridades de la logia.

BIBLIOGRAFÍA

ACUÑA Rosario de, *La vuelta de una golondrina.* Madrid. Imprenta de la Sociedad Tipográfica, 1875

AGOSTA DE LA TORRE Liborio. *El servicio doméstico y el Centro Protector de la mujer. Obra utilísima a todos los que tengan o hayan de tener sirvientas.* Madrid. R. Velasco. 1875

ALBA Yolanda y otros, *Mujer, ideología y población: roles sexuales y de* género. Madrid. Universidad Complutense, Ediciones Clásicas. 2000

ÁLVAREZ María Teresa, *Ellas Mismas. Mujeres que han hecho historia contra viento y marea. Madrid.* La Esfera de los Libros. 2005

ÁLVAREZ LÁZARO Pedro, *Masonería y librepensamiento en la España de la Restauración.* Madrid. 1985

ÁLVAREZ LÁZARO Pedro, *La masonería, escuela de formación del ciudadano. La educación interna de los masones españoles en el último tercio del siglo XIX.* Madrid. Universidad Pontificia de Comillas, 1998

ARENAL PONTE Concepción, *La mujer del porvenir.* Madrid Castalia, 1993

BALLARÍN Pilar, *La instrucción de un modelo de utilidad doméstica* en Georges DUBY y Michelle Perrot (Dir.), *Historia de la mujer.* Madrid. Taurus. 1993

BARD Christine (dir.), *Madeleine Pelletier (1874-1939): Logique et infortunes d'un combat pour l'égalité.* Paris. Côté-Femmes, 1992

BASTIAN J.P., *Les dynamiques européennes des évangélismes ibériques et leur redéploiement contemporain, in Les dynamiques européennes des évangélismes.* Cahier n° 2 de l'Observatoire des Religions. Lausanne— Suisse. Roland Campiche (éd), 2002

BEAUREPAIRE Pierre-Yves, *Franc-Maçonnerie et cosmopolitisme au Siècle des Lumières.* Paris. Edimaf, 1998

BRUWIER Marinette, *Henri La Fontaine et l'ordre maçonnique mixte international le Droit Humain, La Fontaine, franc-maçon et féministe.* Cent ans de l'Office International de Bibliographie. Mundaneum, 1995

Burke Janet et Jacob Margaret Jacob, *Les premières franc-maçonnes au siècle des Lumières,* Presses universitaires de Bordeaux, 2010

BUTLER Judith, *Deshacer el género.* Barcelona. Paidós, 2006

DERAISMES Maria, *Ce que veulent les femmes: articles et conférences de 1869 à 1894.* Paris. Syros, 1980.

CAMPOAMOR Clara: *Mi pecado mortal. El voto femenino y yo.* Madrid. Librería Beltrán, 1936

CARVALHO,António Carlos. *Para a história da maçonaria em Portugal (1913-1935).* Lisboa. Editorial Veja, 1976

CASTAÑEDA Paloma: *Carmen de Burgos, «Colombine».* Madrid. Horas y Horas, 1994

DACHEZ, Royer *Histoire de la franc-maçonnerie française*, Presses Universitaires de France, coll. «Que sais-je?», 2003

DERAISMES Maria, *Ce que veulent les femmes.* Paris. Syros, 1968.

DUBY Georges, PERROT Michelle, *Historia de la mujer.* Madrid. Taurus. 1993

DUPIN-BENESSE Marie-Paule, *Femmes et féminin en loge maçonnique masculine.* L'Esprit du temps n°3, 1998

FAGOAGA Concha y SAAVEDRA Paloma, *Clara Campoamor la sufragista española.* Madrid. Ministerio de Cultura, Instituto de la Mujer, 1981

FERRER BENIMELLI José Antonio, *La Masonería española. Una revisión Histórica.* Zaragoza. CEHME/Gobierno de Aragón, 2000

FERRER BENIMELLI José Antonio, *La Masonería.* Madrid. Alianza Editorial, 2005

FOUCAULT Michel, *Un diálogo sobre el Poder y otras conversaciones.* Madrid. Alianza, 2007

GASPARD Françoise, sous la direction d'Éliane Viennot, *Franc-maçonnerie, République et exclusion des femmes \ La démocratie «à la française» ou les femmes indésirables.* Université Paris 7 — Denis Diderot. Paris. Cahiers du Cedref, 1996

GOTOVITCH José, *Femmes pour la paix: une «nébuleuse» laïque.* Cahiers marxistes n°193, 1994

GUBIN Éliane, Dictionnaire *des femmes belges XIXe et XXe siècles.* Bruxelles. Racine, 2006

HECQ Françoise, KRUYEN Françoise, *De gauche, féministes et maçonnes*: entretien. Cahiers marxistes n°193, 1994

HIVERTMESSECA Gisèle, HIVERT-MESSECA Yves, *Comment la Franc-Maçonnerie vint aux femmes. Deux siècles de Franc-maçonnerie d'adoption féminine et mixte en France 1740-1940.* Paris. Dervy, 1997

JUPEAU RÉQUILLARD Françoise, *L'initiation des femmes ou le souci permanent des francs-maçons français.* Mónaco Editions du Rocher, 2000,

LACALZADA DE MATEO María José, *Mentalidad y proyección social de Concepción Arenal.* Ayuntamiento de Zaragoza, 1994

LLARENA Alicia *Yo soy la novela. Vida y obra de Mercedes Pinto,* Gran Canaria, Ediciones del Cabildo 2003

LOUSADA Isabel, *Adelaide Cabete (1867-1935).* Lisboa. Colec-ção Fio de Ariana, Comissão para a Cidadania e a Igualdade de Género, 2010

MAIGNIEN Claude, SOWERWINE Charles, *Madeleine Pelletier une féministe dans l'arène politique ou la vie originale et tragique d'une femme qui, ayant tenté de s'imposer comme médecin, anthropologue, aliéniste, libertaire, franc-maçonne, socialiste, communiste, antifasciste et néo-malthusienne, finit ses jours, solitaire et oubliée, à l'asile de Perray-Vaucluse.* Paris. Les Editions Ouvrières, 1992

MARQUES A. H. de Oliveira. *Dicionário de maçonaria portuguesa.* Lisboa, Editorial Delta, 2 vols., 1986

MARQUES DA COSTA Fernando, *A Maçonaria Feminina.* Lisboa. Editora Vega, 1981

MÁS Alfonso de, *Homenaje a Concepción Arenal en el año centenario de su nacimiento. Diez cartas escritas por doña Concepción Arenal a mi buen padre Jesús de Monasterio,* Salamanca. Tip. de Calatrava, 1919

MOLINA PETIT Cristina, *Dialéctica Feminista de la Ilustración.* Barcelona. Anthropos, 1994

MELLOR Alec, *La vie quotidienne de la franc-maçonnerie française du 18ème à nos jours,* Paris. Hachette, 1973,

MONESTIER Marianne, *Les sociétés secrètes féminines.* Paris. Les Productions de Paris, 1963

MORANT Isabel (Dir.), *Historia de las Mujeres en España y América Latina.* Madrid. Cátedra, 2006

MORAZA Juan Luis, *MA (non è) DONA proyectos de restauración textual*. Madrid. Edición del autor y artista, 1993
ORTIZ ALBEAR Natividad, *Masonas en España 1868-1939*. Tenerife. Ediciones Idea, 2007
PIO IX, *Carta de Nuestro Santísimo Padre el Papa Pío IX a la Asociación Católica de Señoras de Madrid*. Madrid. Imp. Manuel Conesa. 1872
RANDOUYER Françoise, *Presencia femenina precoz en las logias españolas (1868-1898)*, en FERRER BENIMELI José Antonio (Ed.), *La Masonería española en el 2000. Una revisión histórica*. Zaragoza. CEHME/Gobierno de Aragón, 2000
SAMARA María Alicia, *Operárias E Burguesas — As Mulheres no Tempo da República*. Lisboa. A Esfera dos Livros, 2007.
SÁNCHEZ i FERRÉ Père, *La Maconeria a Catalunya 1868-1936*. Barcelona, Edicions 62, 1990
SAU Victoria, *Diccionario Ideológico Feminista*. Barcelona. Icaria, 1990
SCHOUTERSDECROLY Lucette sous la direction de Yolande Mendes da Costa et Anne Morelli, *La femme et la Franc-maçonnerie \Femmes Libertés Laïcité*. Bruxelles. Université de Bruxelles / Institut de Sociologie, 1989
SOWERWINE Charles, *Militantisme et identité sexuelle: la carrière politique et l'œuvre théorique de Madeleine Pelletier (1874-1939)*. Paris. Le Mouvement Social n°157, 1991
UREÑA Enrique, *Krause y su ideal masónico: hacia la educación de la humanidad*. Salamanca. Historia de la Educación n°4, 1985
VALÍN FERNÁNDEZ Alberto, *Galicia y la Masonería en el siglo XIX*. A Coruña. Ediciós do Castro, 1990
VENTURA António, *A Maçonaria no Distrito de Portalegre*. Lisboa. Caleidoscópio — Edição e Artes Gráficas, S.A., 2007

ARCHIVOS, BIBLIOTECAS, HEMEROTECAS,
MUSEOS, INSTITUCIONES MASÓNICAS Y OTROS:

— *Archivo de Salamanca*
— Archivo de Catalunya
— Biblioteca del Ateneo de Madrid
— Biblioteca Pública Arûs Barcelona
— Museo de la Franc-masonería, sede del Gran Oriente de Francia. París
— Documentos privados, Manuales Rituales y Boletines oficiales de las diferentes Órdenes Masónicas y Grandes Orientes Masónicos Internacionales y Nacionales
— Conférence-rencontre «Féminisme et Franc-Maçonnerie», dialogue Françoise HECQ et Danielle SCHOONOOGHE, 24 avril 2007 Bruxelles. L'Université des Femmes
— *Constituciones de la Franc-Masonería española y Leyes de la Institución*. Madrid. 1893
— *Hemeroteca nacional española y matritense*
— *La Época*, Madrid, 20 de febrero de 1876
— *Las Dominicales del Libre Pensamiento*, Madrid, 28 de diciembre de 1884
— *El Heraldo de Madrid*, Madrid, 10 de septiembre de 1909
— *El Heraldo de Madrid*, 14 de octubre de 1911
— *El Imparcial*, Madrid, 13 de febrero de 1876
— *El Liberal*, 22 de abril de 1930
— *El Progreso*, 25 de noviembre de 1911
— Article de l'Express *Le GOdF devient mixte*

Agradecimientos

A Lela Katsarava por la Música de fondo y el sustento total; a María Lacerda, María Rosa Ballesteros, María Viedma y María José Lacalzada, entre otras, por haber comenzado el camino; al espíritu de Sabine de Pierrefonds que me mantuvo firme como una columna; a la ville de París por la Belleza que, erguida, sostuvo el trabajo; a las dificultades, por su Sabiduría; a Leyenda Cacabelos, por la Fuerza; a Luz, crisol de ánimos; a Francisco Rueda, grado 33, refundador de la Masonería madrileña con la democracia; al Hermano Buscador, por el agua; al Hermano Kefàs, en el Oriente Eterno, por su sonrisa, que permanece en los valles de Madrid.